U0477879

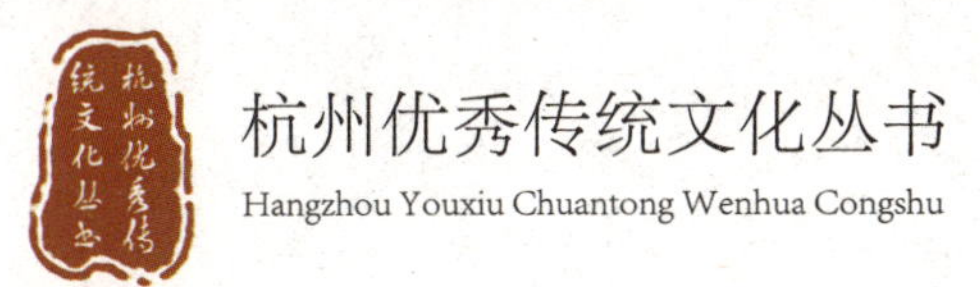

杭州优秀传统文化丛书

Hangzhou Youxiu Chuantong Wenhua Congshu

山色空蒙水亦奇

黄健 著

杭州出版社

图书在版编目（CIP）数据

山色空蒙水亦奇 / 黄健著．-- 杭州：杭州出版社，2022.1

（杭州优秀传统文化丛书）

ISBN 978-7-5565-1710-7

Ⅰ．①山… Ⅱ．①黄… Ⅲ．①地方文化—杭州 Ⅳ．① G127.551

中国版本图书馆 CIP 数据核字（2021）第 278464 号

Shanse Kongmeng Shui Yi Qi

山色空蒙水亦奇

黄 健 著

责任编辑 沈 倩
装帧设计 章雨洁
美术编辑 祁睿一
责任校对 陈铭杰
责任印务 姚 霖
出版发行 杭州出版社（杭州市西湖文化广场32号6楼）
电话：0571-87997719 邮编：310014
网址：www.hzcbs.com
排 版 浙江时代出版服务有限公司
印 刷 天津画中画印刷有限公司
经 销 新华书店
开 本 710 mm × 1000 mm 1/16
印 张 17
字 数 226千
版 印 次 2022年1月第1版 2022年1月第1次印刷
书 号 ISBN 978-7-5565-1710-7
定 价 58.00元

序　言

文化是城市最高和最终的价值

我们所居住的城市，不仅是人类文明的成果，也是人们日常生活的家园。各个时期的文化遗产像一部部史书，记录着城市的沧桑岁月。唯有保留下这些具有特殊意义的文化遗产，才能使我们今后的文化创造具有不间断的基础支撑，也才能使我们今天和未来的生活更美好。

对于中华文明的认知，我们还处在一个不断提升认识的过程中。

过去，人们把中华文化理解成“黄河文化”“黄土地文化”。随着考古新发现和学界对中华文明起源研究的深入，人们发现，除了黄河文化之外，长江文化也是中华文化的重要源头。杭州是中国七大古都之一，也是七大古都中最南方的历史文化名城。杭州历时四年，出版一套“杭州优秀传统文化丛书”，挖掘和传播位于长江流域、中国最南方的古都文化经典，这是弘扬中华优秀传统文化的善举。通过图书这一载体，人们能够静静地品味古代流传下来的丰富文化，完善自己对山水、遗迹、书画、辞章、工艺、风俗、名人等文化类型的认知。读过相关的书后，再走进博物馆或观赏文化景观，看到的历史遗存，将是另一番面貌。

过去一直有人在质疑，中国只有三千年文明，何谈五千年文明史？事实上，我们的考古学家和历史学者一直在努力，不断发掘的有如满天星斗般的考古成果，实证了五千年文明。从东北的辽河流域到黄河、长江流域，特别是杭州良渚古城遗址以4300—5300年的历史，以夯土高台、合围城墙以及规模宏大的水利工程等史前遗迹的发现，系统实证了古国的概念和文明的诞生，使世人确信：这里是古代国家的起源，是重要的文明发祥地。我以前从来不发微博，发的第一篇微博，就是关于良渚古城遗址的内容，喜获很高的关注度。

我一直关注各地对文化遗产的保护情况。第一次去良渚遗址时，当时正在开展考古遗址保护规划的制订，遇到的最大难题是遗址区域内有很多乡镇企业和临时建筑，环境保护问题十分突出。后来再去良渚遗址，让我感到一次次震撼：那些“压”在遗址上面的单位和建筑物相继被迁移和清理，良渚遗址成为一座国家级考古遗址公园，成为让参观者流连忘返的地方，把深埋在地下的考古遗址用生动形象的“语言”展示出来，成为让普通观众能够看懂、让青少年学生也能喜欢上的中华文明圣地。当年杭州提出西湖申报世界文化遗产时，我认为是一项需要付出极大努力才能完成的任务。西湖位于蓬勃发展的大城市核心区域，西湖的特色是“三面云山一面城”，三面云山内不能出现任何侵害西湖文化景观的新建筑，做得到吗？十年申遗路，杭州市付出了极大的努力，今天无论是漫步苏堤、白堤，还是荡舟西湖里，都看不到任何一座不和谐的建筑，杭州做到了，西湖成功了。伴随着西湖申报世界文化遗产，杭州城市发展也坚定不移地从“西湖时代”迈向了“钱塘江时代”，气势磅礴地建起了杭州新城。

从文化景观到历史街区，从文物古迹到地方民居，众多文化遗产都是形成一座城市记忆的历史物证，也是一座城市文化价值的体现。杭州为了把地方传统文化这个大概念，变成一个社会民众易于掌握的清晰认识，将这套丛书概括为城史文化、山水文化、遗迹文化、辞章文化、艺术文化、工艺文化、风俗文化、起居文化、名人文化和思想文化十个系列。尽管这种概括还有可以探讨的地方，但也可以看作是一种务实之举，使市民百姓对地域文化的理解，有一个清晰完整、好读好记的载体。

传统文化和文化传统不是一个概念。传统文化背后蕴含的那些精神价值，才是文化传统。文化传统需要经过学者的研究提炼，将具有传承意义的传统文化提炼成文化传统。杭州在对丛书作者写作作了种种古为今用、古今观照的探讨交流的同时，还专门增加了“思想文化系列”，从杭州古代的商业理念、中医思想、教育观念、科技精神等方面，集中挖掘提炼产生于杭州古城历史中灵魂性的文化精粹。这样的安排，是对传统文化内容把握和传播方式的理性思考。

继承传统文化，有一个继承什么和怎样继承的问题。传统文化是百年乃至千年以前的历史遗存，这些遗存的价值，有的已经被现代社会抛弃，也有的需要在新的历史条件下适当转化，唯有把传统文化中这些永恒的基本价值继承下来，才能构成当代社会的文化基石和精神营养。这套丛书定位在“优秀传统文化”上，显然是注意到了这个问题的重要性。在尊重作者写作风格、梳理和讲好“杭州故事”的同时，通过系列专家组、文艺评论组、综合评审组和编辑部、编委会多层面研读，和作者虚心交流，努力去粗取精，古为今用，这种对文化建设工作的敬畏和温情，值得推崇。

人民群众才是传统文化的真正主人。百年以来，中华传统文化受到过几次大的冲击。弘扬优秀传统文化，需要文化人士投身其中，但唯有让大众乐于接受传统文化，文化人士的所有努力才有最终价值。有人说我爱讲“段子”，其实我是在讲故事，希望用生动的语言争取听众。今天我们更重要的使命，是把历史文化前世今生的故事讲给大家听，告诉人们古代文化与现实生活的关系。这套丛书为了达到“轻阅读、易传播”的效果，一改以文史专家为主作为写作团队的习惯做法，邀请省内外作家担任主创团队，组织文史专家、文艺评论家协助把关建言，用历史故事带出传统文化，以细腻的对话和情节蕴含文化传统，辅以音视频等其他传播方式，不失为让传统文化走进千家万户的有益尝试。

中华文化是建立于不同区域文化特质基础之上的。作为中国的文化古都，杭州文化传统中有很多中华文化的典型特征，例如，中国人的自然观主张“天人合一”，相信“人与天地万物为一体”。在古代杭州老百姓的认知里，由于生活在自然天成的山水美景中，由于风调雨顺带来了富庶江南，勤于劳作又使杭州人得以“有闲”，人们较早对自然生态有了独特的敬畏和珍爱的态度。他们爱惜自然之力，善于农作物轮作，注意让生产资料休养生息；珍惜生态之力，精于探索自然天成的生活方式，在烹饪、茶饮、中医、养生等方面做到了天人相通；怜惜劳作之力，长于边劳动，边休闲娱乐和进行民俗、艺术创作，做到生产和生活的和谐统一。如果说“天人合一”是古代思想家们的哲学信仰，那么“亲近山水，讲求品赏”，应该是古代杭州人的生动实践，并成为影响后世的生活理念。

再如，中华文化的另一个特点是不远征、不排外，这体现了它的包容性。儒学对佛学的包容态度也说明了这一点，对来自远方的思想能够宽容接纳。在我们国家的东西南北甚至是偏远地区，老百姓的好客和包容也司空见惯，对异风异俗有一种欣赏的态度。杭州自古以来气候温润、山水秀美的自然条件，以及交通便利、商贾云集的经济优势，使其成为一个人口流动频繁的城市。历史上经历的“永嘉之乱，衣冠南渡”，“安史之乱，流民南移”，特别是“靖康之变，宋廷南迁”，这三次北方人口大迁移，使杭州人对外来文化的包容度较高。自古以来，吴越文化、南宋文化和北方移民文化的浸润，特别是唐宋以后各地商人、各大商帮在杭州的聚集和活动，给杭州商业文化的发展提供了丰富营养，使杭州人既留恋杭州的好山好水，又能用一种相对超脱的眼光，关注和包容家乡之外的社会万象。这种古都文化，也代表了中华文化的包容性特征。

城市文化保护与城市对外开放并不矛盾，反而相辅相成。古今中外的城市，凡是能够吸引人们关注的，都得益于与其他文化的碰撞和交流。现代城市要在对外交往的发展中，进行长期和持久的文化再造，并在再造中创造新的文化。杭州这套丛书，在尽数杭州各色传统文化经典时，有心安排了“古代杭州与国内城市的交往”“古代杭州和国外城市的交往”两个选题，一个自古开放的城市形象，就在其中。

“杭州优秀传统文化丛书”在传统和现代的结合上，想了很多办法，做了很多努力，他们知道传统文化丛书要得到广大读者接受，不是件简单的事。我们已经走在现代化的路上，传统和现代的融合，不容易做好，需要扎扎实实地做，也需要非凡的创造力。因为，文化是城市功能的最高价值，也是城市功能的最终价值。从“功能城市”走向“文化城市”，就是这种质的飞跃的核心理念与终极目标。

单霁翔

2020 年 9 月

（单霁翔，中国文物学会会长）

竹素园诗意卷（局部）

目　录

第四章

天竺、南屏、径山：佛境禅韵

第五章

玉皇山、凤凰山、皋亭山：境幽意深

第六章

三江：文化摇篮

引　言

杭州是一座山水与城共韵和律的城市。山水与城的相连、相依、相融，造就了杭州城市的独特风景、独特风情和独特韵味，使之成为一座真正意义上的山水城市。

如果说山与水是山水城市风景构成的自然物质因子，那么山水与城相融，人因城而相聚，就是城市山水风景构成的历史人文元素。在杭州，山水环绕着城，城依偎着山水，山水与城相融，既有优美的自然风光，又有深厚的人文内涵，在青绿之间，共同谱写出美丽的山水华章。

从自然地理维度来看，杭州山水交融，西部、中部和南部属浙西丘陵区域，主干山脉有天目山、白际山、昱岭、千里岗和龙门山等，其中有多座海拔超过 1500 米的山峰，全市最高点在白际山的清凉峰（1787 米）。东部则为浙北平原（包括杭嘉湖平原和宁绍平原），地势低平，海拔仅 3—6 米，河网和湖泊密布，大的河流有钱塘江、东苕溪和京杭大运河。其中，杭州为京杭大运河南终端，钱塘江穿流而过，形成越与吴，或“两浙”（即人文地理意义上的“浙东”和“浙西”）的分界线。主要的水体有新安江、富春江、浦阳江、千岛湖、西湖、湘湖、白马湖、南湖、青山湖等。在全市土地面积中，山地丘陵占65.6%，平原占26.4%，各类水体共占8%，故有“七山一水二分田”之说。水网密布，水道纵横，不仅便于城市交通，也为城市提供了绝佳的山水风景，使之聚天地之灵气，纳万物之精华，形成江南水乡独具特色的城市山水景观。

在纯粹的景观层面上，杭州的山并不奇异，水也并不独特，但在与城的相融中，杭州的山水与城有机交汇，浑然一体，在形成中国传统山水优美景观的同时，也获得了城市历史人文赋予的文化含义和价值意义，形成具有东方文化和哲学所追求的“天人合一”的美学意境和精神品格，共同演奏出山水与城共韵和律的独特旋律。“山不在高，有仙则名。水不在深，有龙则灵。”人聚而居的城市，人与城的故事，投射在山水之中，赋予山水以名气、灵气，使山水具有了与城相融、与人相处的文化意蕴和品格境界，让生活在城中的人，可以近距离地与山水亲密接触，在山水的怀抱中，找到情感寄托、安放或放飞的场域与空间。如同唐代大诗人李白的诗所云：“相看两不厌，只有敬亭山。”人、城、山、水互动、相融，使城市山水风景得到从物象到心象的提升，特别是山水物象一经提升为人文意义上的心象，也将由单纯的自然意义转而具有丰富的人文意义。孔子说：“智者乐水，仁者乐山。”山水融通的城市以及其所生成的故事，就是城市之天地自然元气与历史人文精神融为一体的风景韵味，具有自身独特的内涵和永恒的价值。

杭州就是这样一座山水相融、共韵和律的城市。城的一角一落，山的一草一木，水的一点一滴，都有着人与城的故事，有着历史和人文的传奇，从而也有了山水风景的独特韵律，有了自然与人文相融的独特景观。

第一章

吴山：市井风情

邑屋华丽，盖十余万家。环以湖山，左右映带。……出入于江涛浩渺、烟云杳霭之间，可谓盛矣。……山水登临之美，人物邑居之繁，一寓目而尽得之，盖钱塘兼有天下之美……

——欧阳修《有美堂记》

吴山在苏东坡眼中是座有韵味的山

宋神宗熙宁四年（1071），在京城遭到排挤的苏东坡，自请出京，一路南下，来到了被称为“鱼米之乡”“文化之邦”的富庶之地——江南，出任杭州通判。这是他第一次来到杭州。亲眼看见了早已耳熟能详的杭州，也真正见识了她的美丽、她的富庶，感受到她底蕴深厚的文化，很快他就被杭州的山山水水给迷住了。

对于苏东坡来说，杭州吸引他的不仅仅是西湖，同时构成西湖之美的周边群山，尤其是吴山，也是他爱杭州的一个部分。

> 蜀客到江南，长忆吴山好。吴蜀风流自古同，归去应须早。　还与去年人，共藉西湖草。莫惜尊前仔细看，应是容颜老。

这阕《卜算子》词，是苏东坡写给友人陈襄的，当时陈襄任杭州知州。两人友谊深厚，共同任职杭州的时间里，常诗酒相酬。

未到杭州之时，苏东坡就从友人口中获知，吴山是一座极具市井风情的山，位于西湖东南部，由延绵的宝月、娥眉、浅山、紫阳、七宝、云居等小山组成，山势绵亘起伏，伸入城区，是与城紧密相连的一座西湖名山。它依钱塘江，俯瞰西湖，春秋时为吴国的西界，故得此名。

苏东坡不禁想起曾隐居孤山的林逋。林逋填有一阕《相思令》词：

> 吴山青，越山青，两岸青山相对迎。争忍有离情。
> 君泪盈，妾泪盈，罗带同心结未成。江边潮已平。

这阕充满伤感的离别之情的词，也道出了吴山的地理特点。作为吴国和越国的分界，地处钱塘江北岸的吴山，与南岸的远山遥相对应，青翠秀美，郁郁葱葱，风光无限。

吴山的历史，在苏东坡的脑海里渐渐地清晰了起来。

一日清晨，天边已露出泛红的霞光，从吴山吹来的阵阵凉风，让他顿觉清爽，心情也十分舒畅。推开门，走出小院，没几步就来到了吴山脚下，他开始走街串巷，想要多了解一些吴山的市井风情。

从市民口中，苏东坡得知吴山又称城隍山，传说还与吴国大夫、著名军事家伍子胥有关。

伍子胥，楚国人，因父兄均被楚平王所杀，自己也遭到迫害，便逃至吴国，并发誓要灭楚以报父兄之仇。伍子胥年轻时就因好文习武、有勇有谋而闻名楚国。到吴国后，他一度受到重用，成为一名屡立战功的战略家、军事家。在与越军作战时，伍子胥就将吴军驻扎在钱塘江边的吴山脚下，与越军隔江相望。由于吴山地势高，他经常登山眺望对岸，了解越军的动向。在吴山一带驻军，一晃就是五年。伍子胥治军严厉，军纪严明，作战骁勇，越军畏其声望，不敢公然进犯。故一说吴山是为纪念他而取名的，后讹“伍”为“吴”，亦称胥山。后人曾在山上建有子胥祠，沿江一带也有不少与他的名字有关的地名，如胥村、胥口、胥江等，钱塘江上游的富春江，还有“子胥野渡”的渡口，后人修的“忠烈王祠”中也塑有他的雕像。

在苏东坡的眼中，吴山虽不高，也不奇，然而，各种传说故事，各种名胜古迹，却让他十分感兴趣。苏东坡任通判的第二年，陈襄移知杭州。两人交往密切，公余时间，常结伴去吴山、西湖等名胜赏花、品茗、吟诗、填词、游玩。

苏东坡得知吴山上有一堂，为嘉祐年间龙图阁直学士、尚书吏部郎中梅挚出任杭州知州时所建，名“有美堂”。

梅挚是宋仁宗赵祯十分信任的大臣，他去杭州上任时，仁宗特以诗相赠：

地有湖山美，东南第一州。
剖符宣政化，持橐辍才流。
暂出论思列，遥分旰昃忧。
循良勤抚俗，来暮听歌讴。

到杭州任职后，梅挚便在吴山上修建亭堂，于嘉祐四年(1059)建成，并取仁宗诗第一句，命名为“有美堂”。有美堂坐落在吴山东麓的一座小山上，背倚翠绿的青山，面对繁华的杭城，东览钱塘江，西望西子湖，视野十分开阔，大好美景尽归此处亭楼。

梅挚又请当时鼎鼎有名的文学家欧阳修撰《有美堂

吴山有美堂遗址，左边碑石上刻有欧阳修《有美堂记》

记》，请书法家蔡襄书写碑文。欧阳修在题记中盛赞吴山："环以湖山，左右映带……可谓盛矣。"

众多文人士大夫皆为有美堂留下诗词或楹联题咏，东坡曾命人将题咏诗篇悉数抄录下来，然后隐匿著者姓名，请宾客默定高下。后又自作《有美堂暴雨》一诗：

游人脚底一声雷，满座顽云拨不开。
天外黑风吹海立，浙东飞雨过江来。
十分潋滟金樽凸，千杖敲铿羯鼓催。
唤起谪仙泉洒面，倒倾鲛室泻琼瑰。

陈襄深知好友对吴山情有独钟，一次，正值十五，他特意邀东坡一起又上了吴山，去游有美堂，说是要好好把吴山看个透，游个够。

两人尽兴而游，一直到月亮升起，才从山上下来。

银色月光已洒满山路，周边的树林在微风中不时地发出阵阵响声，苏东坡又诗兴大发，赋诗一首，题为《与述古自有美堂乘月夜归》，留下“娟娟云月稍侵轩，潋潋星河半隐山”的美丽诗句。

一览吴山真面目，苏东坡更爱吴山了，后陆续写下不少佳句妙词，如“湖山信是东南美，一望弥千里”，写尽壮美的湖光山色。站在吴山之上，苏东坡不仅领略到了江湖汇聚的风光之美，更感受到了杭州“自古繁华”的内蕴之美，故在诗中，他写出了杭城“万人争看火城还”的繁华景象。

吴山的名胜古迹颇多，尤其是山上有一块岩石，人称感花岩，旁边还建有一寺，名为宝成寺。笃信佛教的苏轼，对此饶有兴趣。

春末之际，牡丹花开。一日，天正飘着细雨，苏东坡不顾山路湿滑，手拄拐杖，身披蓑衣，又上了吴山。

雨中的吴山，云雾缭绕，烟雨蒙蒙，给人另一种不同的观感。雨中山上人少，显得更为幽静，东坡的思绪随着蜿蜒的山路向远方延伸。

又到熟悉的地方看看，雨中吴山别有一番韵味。他漫步在山间的小道，来到了宝成寺前的一处岩前。

相传唐代诗人崔护曾到吴山春游，因口渴，便叩开山上一户人家的门，讨一口水喝，结果受到该户人家一位年轻女子的热情款待，崔护深为感动。次年春天，崔护故地重游，特意又去该户人家寻访此女，见到的是门庭依旧，桃花如故，而那年轻女子却不知了去向。崔护惆怅万分，遂在岩壁间题诗一首：“去年今日此门中，人面桃花相映红。人面不知何处去，桃花依旧笑春风。”

闻此故事，苏东坡也颇为伤感，再联想到自己的遭遇，更是感慨万千。

刚跨进宝成寺门，东坡想起一个人来，那就是熙宁三年（1070）在杭州任知州的赵抃。两人先后遭贬，都是因与王安石政见不同。他知道赵抃任杭州知州时，也爱游吴山，并有题诗，便去找寺中的住持，并询问道：“赵使君的题诗何在？”

住持领着他到寺后的一座岩壁前，对他说：“这就是赵使君留下的题诗了。”

苏东坡走上前去，在赵抃题诗前徘徊瞻顾，想到两人相同的经历，相同的政见，有一种“同是天涯沦落人”的感触。

出寺门后，他随之也赋诗一首：

春风小院却来时，壁间唯见使君诗。①
应问使君何处去，凭君说与春风知。②
年年岁岁何穷已，花似今年人老矣。
去年崔护若重来，前度刘郎在千里。

多次赏游后，吴山在苏东坡心中，分量自然是愈加重了起来。闲暇时间，他总会去吴山一带转转、走走、看看，散散心。

市井风味十足的吴山，让苏东坡心醉。离开杭州后，

①“唯”一作“惟”。
②“君”一作“花”。

感花岩苏东坡刻诗

他也总是念念不忘，忘不了吴山的风姿，忘不了吴山的风情。每当与人提起杭州，说起吴山时，他总是说只能是梦中相见了。他绘声绘色地说，每年杨梅和枇杷熟时，吴山脚下响起的叫卖声，此起彼伏，让人流连忘返。他在诗中写道："梦绕吴山却月廊，白梅卢橘觉犹香。"而对曾在吴山脚下常品尝的酥饼，他也在诗中赞美道："小饼如嚼月，中有酥与饴。"

后人在吴山之西的紫阳山顶上重建"江湖汇观亭"，亭柱上为明代著名文人徐文长所作对联："八百里湖山，知是何年图画；十万家烟火，尽归此处楼台。"说的正是吴山市井的繁华景象，颇具宋韵遗风，道出了吴山与其他山的不同风貌、不同内涵、不同韵味。

金主说第一峰的吴山总是风情万种

一直都梦想一统天下的金主完颜亮，听说宋皇赵构退到长江以南后，竟然在杭州建起一个叫临安的都城来了，这让他很是不爽。

杭州究竟是怎样的一个地方，赵构为什么会在那里建都城？对于从小生长在北方冰天雪地的完颜亮来说，有点难以想象。当读到大词人柳永那阕著名的《望海潮》一词时，他怦然心动，为之震撼，一下子明白了赵构为什么要选杭州为都城。

柳永在词中是这样描绘杭州的：

东南形胜，三吴都会，钱塘自古繁华。烟柳画桥，风帘翠幕，参差十万人家。云树绕堤沙。怒涛卷霜雪，天堑无涯。市列珠玑，户盈罗绮，竞豪奢。　　重湖叠巘清嘉。有三秋桂子，十里荷花。羌管弄晴，菱歌泛夜，嬉嬉钓叟莲娃。千骑拥高牙。乘醉听箫鼓、吟赏烟霞。异日图将好景，归去凤池夸。

在辽宋，完颜亮的诗词颇有名声，被誉为“一吟一咏，冠绝当时”，故他对柳永如此深情地写出杭州的美丽繁华，大为赞叹。特别是当他读到“东南形胜，三吴都会，钱塘自古繁华”“有三秋桂子，十里荷花。羌管弄晴，菱歌泛夜，嬉嬉钓叟莲娃”的词句时，更是垂涎杭州和西湖的美丽，感叹道：“天下之美景！”并在心中暗暗发誓：弯弓南下，一举灭宋，一统天下。

完颜亮放下柳永的词，立刻传令下去，一是作好南下的准备，二是派画师偷偷潜入临安城，务必绘制出详细的临安图和西湖全景图，他要好好地研究一番。虽还不能亲至，但柳永的确把杭州、把西湖——当然也包括位于西湖群山之首的吴山，写得太诱人了。

部下得令之后，不敢怠慢，立即选调了几位画师，呈报完颜亮，由他亲自选择、决定。

完颜亮在呈报上来的画师名单中选定了几位，命他们分别化装成不同身份的人，以各自不同的方式，先后南下，潜入南宋都城临安。临行前，他还特意召见各位画师，嘱咐他们要将临安城里的每一条街、每一条道，甚至是每一条小巷子，都画出来，并说起他读过宋隐逸文人林逋的《相思令》一词，知道吴山是当年吴国和越国的界山，也是军事要地。听说登吴山远眺，东观市景，灯火辉煌；西览群峰，郁郁葱葱；南眺钱江，汹涌澎湃；北望西湖，波光粼粼。此真可谓是山河壮丽，风情万种。临安是名不虚传的“三面云山一面城，一城山色半城湖”的依山傍水、城山相连的绝好都城。

说到这里，他手舞足蹈地对画师们比画了起来，并一再说道：

“汝等务必细之又细，要将临安城里里外外走个透，看个透，这样才能画得仔细，方能使我军渡江南下时一举拿下临安城，完成天下一统大业。”

画师们跪拜接旨，择吉日，奉命出行，分几路南渡潜入临安城。

时年正是金朝的正隆四年，宋朝绍兴二十九年，也即是公元 1159 年。

潜入临安城的画师，依据各自擅长的手艺，化装成各式人物，整日在临安城里穿街走巷，把整个临安城的角角落落都走了一遍，重要的街道更是蹭点摆摊，仔细观察。不仅把皇宫的位置画好，而且把通往吴山和西湖的路，吴山和西湖的各处景点、要塞、隘口，以及重要的机关、重要的商铺，都一一重点作了记号。

完成任务后，潜伏的画师把各自画好的城图、吴山西湖图藏好，陆续潜回金营，转呈完颜亮。

完颜亮见之，大喜，随即命工匠将图优化、细化，并制成曲屏。他要仔仔细细研究一番，看看临安城是不是像柳永词所描写的那样美丽、繁华和富庶。

当工匠将根据画师绘制的城图制作的曲屏呈上之后，完颜亮吩咐左右退下，独自一人将画图和曲屏反反复复看了好几遍，然后传来众将领，说：

“你们也好好看看，这临安城的确是太美了，太繁华了，真是地上天宫！”

他一会儿指着城图，一会儿指着曲屏，不厌其烦地对将领们说着：

“真是江南的美城、美景啊！你们看，吴山脚下的临安城，一条街接着一条街，路路相通，房屋成片地挨着，错落有致，与山、与水紧密相连，千姿百态，风情万种，好一幅天上人间城山图也。”接着，他指着城图上吴山脚下的街道说：

“你们再仔细看看吴山下的街道，这应该是临安城里最繁华的一条街了，酒楼茶肆，商铺林立，真是《清明上河图》再现。”

他又接着道：

吴山天风

"你们看，这条街又通往吴山，登高可以望远，进山可以游玩。听说宋皇是在不远的凤凰山筑了皇宫、皇城，可谓闹中取静，好不快活。尤其是吴山，山体伸入市区，西南又连接西湖，真是临安城的绝佳处。"

说着，他激动了起来，挥手对众将领道：

"如此美丽、繁华、富庶之地，岂能让它另立朝廷，与吾朝分庭抗礼？各位去好好琢磨一番，看看如何振奋吾军，挥师南下，一口气拿下临安城！"

众将领个个拍手称道，齐声说：

"吾皇英明！听从吾皇指挥，齐心协力，一鼓作气，南下灭宋！"

完颜亮大喜，击掌大呼一声："好！"接着，他命随从拿笔来，在临安图卷上，亲自添了一个骑马的人，并题诗曰：

万里车书尽会同，江南岂有别疆封。
提兵百万西湖上，立马吴山第一峰。

金人刘祁在《归潜志》中评价完颜亮说："虽淫暴自强，然英锐有大志……又擢用人才，将混一天下。功虽不成，其强至矣。"①

完颜亮早就有吞并宋土的计划，尤其是看到杭州，看到西湖，看到吴山，对那一城、一湖、一山之胜境，如何不动心？更何况他从小熟读汉文经典，熟悉历史，又特别喜欢汉文化，写诗、填词、作画，样样是把好手。所以，"万里车书尽会同"一句，抒发的是类似秦始皇

①刘祁：《归潜志》卷十二，中华书局，1983年。

所主张的“车同轨，书同文”的统一大业之愿。在他看来，偏安江南一隅的宋朝“岂有别疆封”？故读了柳永的词，真是恨不能立即提兵百万，浩浩荡荡，过淮水，渡长江，一举拿下临安城。

于是，“立马吴山第一峰”，既是金主完颜亮对吴山万种风情的高度赞美，也表达了他总揽天下、一统江山的君王理想。

李卫决定在七宝山顶建吴山大观台

就任浙江巡抚后，李卫决意要做出一番成绩来，也好让那些总说他是捐官入仕，又因他屡受重用而心有不平的人闭嘴。

来到杭州上任，李卫一眼就瞄上了吴山。在他看来，吴山及其周围之地，不仅是南宋皇宫重地，以及历代杭州官府驻扎之所，也是充满市井风情之地。吴山自古以来就有“五多”之说，即古树清泉多，奇岩怪石多，祠庙寺观多，民俗风情多，名人遗迹多，可谓是一座充分展示杭州民俗的博物馆。登上吴山，放眼望去，江、山、湖、城之胜景，一览无余，尽收眼底。

想到此，李卫便作出决定，要在吴山的七宝山顶上建一座大观台，作为他治下杭州“西湖十八景”中的“吴山大观”之景观。

既然想到，就立刻去做。李卫是一个做事雷厉风行的人。

第二天，他一大早就来到府衙，传令各司负责人前来开会，商讨建造大观台之事。

为何选址七宝山顶建大观台呢？李卫是有自己的想法的。

他曾多次登上吴山，认为七宝山位置较居中，且地势高凸，山顶又正有一大块平地，最适合建台。且七宝之名，十分吉利，既有“多”“大”“集合”之意，也有“盛”“顶格”“至高”之意，寓意丰富。

在会上，李卫说出了自己的看法，对众人道：“此处楼台可观‘八百里湖山’和‘十万家烟火’，可见建台的绝佳之处，非此莫属。”

他的意见得到了一致的赞成。有人说：“吴山与杭城紧密相依，在七宝山顶上建亭建台，可尽览杭城美景于眼中。”大家纷纷表示同意。

李卫闻之大喜，对众人道：“大家都说好，那就是好。那就准备起来，择吉日开工吧！”

在李卫的精心策划和统筹下，于七宝山顶建大观台之事，就这样定了下来。

在古代，台属于亭、台、楼、阁之一种，其功能是“观”，如观景，观天象，观敌情，等等。《说文解字》中对“台”的释义是：“台，观四方而高者。从至从之，从高省。与室屋同意。”

一般来说，群山居中的山顶高于四方的平整处，是最适合建台之处。依据这个原理，中国历代建了不少台，如传说中最早的台——昆台，据说是黄帝登仙之台。相传昆仑山顶有金台五所、玉楼十二，皆为神仙居处，因此，昆台又指神仙所居之地。东晋王嘉撰写的《拾遗记》

中，这样写轩辕黄帝登台：“薰风至，真人集，乃厌世于昆台之上，留其冠、剑、佩、舄焉。昆台者，鼎湖之极峻处也，立馆于其下。帝乘云龙而游，殊乡绝域，至今望而祭焉。”唐末杜光庭《仙传拾遗》云：“（燕昭王）好神仙之道。仙人甘需臣事之，为王述昆台登真之事。”又如，时台，指的是古代诸侯所筑的观察四时气象之台。《公羊传·庄公三十一年》有“春，筑台于郎”之记载。汉代何休注曰:“礼,天子有灵台,以候天地;诸侯有时台,以候四时。”

李卫是一位极其有头脑的人，为人灵活机敏。《清史稿》评价说：“卫、文镜受上眷最厚，卫以敏集事。”

《吴山大观》（出自《雍正西湖志》）

他决定在七宝山顶建大观台，就是看中了山顶那块平地。他对建台有缜密的考量，心里盘算着，在这里建大观台，要突出一个“大”字，要气派，有内涵。特别是要把康熙皇帝赞颂吴山的那首诗——“左控长江右控湖，万家烟火接康衢。偶来绝顶凭虚望，似向云霄展画图”——供在御书亭中，形成居中的四射效应，既体现皇恩浩荡，又提高整个台的品位，要把风情万种的吴山之韵充分地展示出来，要可观，且是“大观”，即可参观、可体验、可游玩。

李卫把建台的设想、要求、标准，都一一说给了工匠们听，要他们依据蓝图，设计出细致和可操作的施工图，他要亲自审核。

工匠们遵从指令，设计出多张施工图，呈报给李卫审核。

李卫看了报送来的图纸后，十分满意。于是，传令负责监工的官员精心监工，又择上吉日，在一番震天响的鞭炮声、锣鼓声和喇叭声中，拉开了建造大观台的帷幕。

李卫精心调配物资，组织人马，工匠们齐心协力，不到半年，一座位于七宝山顶的“吴山大观台”就建成了。李卫十分高兴，亲自主持了完工庆贺典礼。从此，吴山又多了一个观山、观城、观湖的绝佳之处。

乾隆皇帝对李卫所建大观台十分满意，予以高度肯定和褒扬。在《吴山大观歌》中，他歌咏道：“我游名山亦已多，吴山大观今作歌。……第一峰头纵遐瞩，壮哉所见真无加。左江右湖互环抱，海气蓊匌含羲娥。”

李卫建造吴山大观台，不仅让吴山多了一处登高远眺的观景之地，更使“第一峰”卓展英姿，同时，也增添了吴山深厚的文化内涵和美学意蕴：

绝顶盘空磴道开，一亭高踞气雄哉。
涧边奇石冲云出，树杪危峦踏雾来。
斜揽湖山图半壁，全收江海入层台。
射潮尚忆三千弩，落日阴沉见霸才。

清代贡生严光禄登吴山大观台后，写下这首题为《登吴山大观台》的诗，发出了由衷的赞美。

青青吴山，连绵起伏，城山一体，蔚为大观，镌刻着杭城悠久的历史年轮，守护着杭城繁华的市井风情。

第二章

孤山：雅士天堂

《水经注》曰：水黑曰卢，不流曰奴；山不连陵曰孤。梅花屿介于两湖之间，四面岩峦，一无所丽，故曰孤也。是地水望澄明，皦焉冲照，亭观绣峙，两湖反景，若三山之倒水下。

——张岱《西湖梦寻》

白居易觉得孤山与湖一体更美

白居易为什么对杭州情有独钟，毕生为杭州代言，并将钱塘湖称为西湖？个中缘由也许有千万条，但有一条则是不变的，那就是他的心灵世界在江南，在杭州。他在这里找到了一种心灵的对应，让他在这里的山山水水中，流连忘返，乐此不疲。虽然来到杭州担任刺史，已属于朝廷的高官序列，但他本质上还是文人，是一个诗人、一位雅士。

唐穆宗长庆二年（822），白居易被派往杭州任刺史。

对于杭州，他并不陌生。在记忆中，他十一二岁时，父亲白季庚任徐州别驾，考虑到两河藩镇多叛唐，治安不好，为避乱，父亲就让他从河南老家去了江南。其间，他到过杭州，并留有很深印象，故在上任的路上，他写下了对杭州的美好印象："余杭乃名郡，郡郭临江汜。已想海门山，潮声来入耳……"

此次来到杭州，他心里更是别有一番滋味。在官场上虽有不少年头，但似乎总是不能得到真正的重用，不说呈上的奏折不被皇上重视，甚至是一贬再贬，使这宦海生涯却像四处漂泊似的。虽是高官，可内心的苦楚，又与何人说？又有何人知？正如诗云："知我者谓我心忧，不知我者谓我何求。"

但来到杭州任职，白居易内心还是充满喜悦的。因为这次不是被贬，而是他主动向皇上请求来的。又见杭州，又见这里的湖光山色，他的心情格外放松，格外愉悦。

公事之余，白居易喜欢在湖边行走，湖光山色的美丽，能顿时让他忘掉烦恼，内心充满喜悦。

他喜欢从湖滨向西，沿着宝石山下的湖边小路行走。因为前方不远，就是孤山，山上有孤山寺，他十分感兴趣，曾多次走到那里去，写下多篇关于孤山、孤山寺的诗，其中《钱塘湖春行》一诗流传最广：

孤山寺北贾亭西，水面初平云脚低。
几处早莺争暖树，谁家新燕啄春泥。
乱花渐欲迷人眼，浅草才能没马蹄。
最爱湖东行不足，绿杨阴里白沙堤。

孤山寺，位于孤山之阳，始建于南北朝的陈文帝天嘉元年（560），名永福寺，宋时改名广化寺。孤山上还有一座孤山亭，可俯瞰西湖全景。孤山不高，登上去远眺西湖，可谓心旷神怡。

人们都说，孤山不孤，但真要去孤山，还真是不方便。白居易发现，孤山虽近，但沿山的小径，坑坑洼洼的，加上湖水不时地拍到岸边，有时便行走颇不方便，更不要说到雨天，通山的小路泥泞，又湿又滑，很影响欣赏湖光山色的兴致，骤减去孤山的雅趣。

白居易心里想，要让孤山不孤，就应当把通往孤山的路修整一番，让人们沿湖行走到孤山，不仅方便，也更能细细品味孤山的静、孤山的雅、孤山的美。

当时的湖，不叫西湖，而是叫“钱塘湖”。游人不多，出了城，一路向西，见到的是半荒芜状态的湖。有雨时节，湖水泛滥；遭遇天旱，湖则会干涸。

作为地方最高长官，白居易决定要对钱塘湖进行治理。

以诗人的眼光，观湖的三面环山，白居易发现，孤山虽静雅，但似乎孤单了些，加上行走不便，游人不多。在治理过程中，既要考虑保持其遗世独立的地理特征，又要考虑保持其幽静而不孤僻，雅致而不孤傲的品质特征。

就此，白居易对孤山有了更深的认识。他觉得孤山与湖、与城融为一体，才会更美。顿时，他不由兴奋起来。

他又想到，自己经常朝孤山方向西行，一出钱塘门，不就有一条堤坝吗？虽然不知道是什么时候什么人主持修建的，极可能是沿湖农民为了农田灌溉，疏浚湖泥堆砌而成。趁这次治理钱塘湖，应对这条堤进行加固、拓宽、延伸，最好是能够将通往孤山的路打通，使孤山与城、与周边的山更为紧密地相连，让人们往来孤山更方便，能够更好地欣赏沿湖的秀丽风光。

这次来到杭州任职，对于白居易来说，他真的是想在此终老。虽然他不是杭州人，但从小对杭州的美好印象，一直深深地烙在他的脑海里。毕竟已过知天命之年，虽忠于朝廷，但心中总有一种说不清、道不尽的失落感。如果能将自己晚年的生命和情感，寄于杭州，寄于这座湖的山山水水，当是人生一大快慰。

他的前任、自称“山人”的李泌，曾对这座湖进行过治理，但当时的重点是解决杭城百姓的吃水、用水问题，且只是功能性的解决之道，并未能从根本上治理湖水。白居易对筑堤的官员说：“此次还要解决沿湖行路难的问题，要让大好的湖光山色，永存人的心里。”

一切准备就绪后，白居易请人择吉日，选定了开工日期。

在他的带领下，大家风风火火地干了起来。几个月的工夫，加固、拓宽并延长了原先的堤坝，堤面也十分讲究，是用白沙铺成的路面，两旁栽种了柳树和桃树。春回大地之际，细细的柳枝随风飘动，在初开的艳红桃花点缀下，构成了一幅绝妙的桃红柳绿风景图，沿着湖岸一路延伸开来，向着孤山的方向拓展。

由此，幽静、雅致的孤山，与整个湖、整座城，一道分享春天的美丽。

在白居易眼中，杭州是家，孤山是后花园。走在堤上，他心想，当用诗把这座城、这片湖、这湖光山色的美丽展现出来。因为在他心中，那就是他的山，他的湖，他的城：

柳湖松岛莲花寺，晚动归桡出道场。
卢橘子低山雨重，栟榈叶战水风凉。
烟波澹荡摇空碧，楼殿参差倚夕阳。
到岸请君回首望，蓬莱宫在海中央。

一日傍晚，料理完公事之后，用过餐，白居易就又

〔元〕钱选《孤山图》

去湖上漫游了。

归途中，回头望见西边的余晖洒满天空，又映照湖上，好一派灿烂的湖山，胜景如画也。

他坐在船上，只见夕阳下的孤山，在群山怀抱中，那么静谧，那么幽雅。一缕余晖透过云层，从孤山寺顶的缝隙中射下来，形成一条斜线，与烟波浩荡的湖水相映，让沐浴在霞光中的寺庙楼台，宛如蓬莱仙境一般，而整座孤山和孤山寺，就像蓬莱宫一样，静立于湖中，既遗世独立，又与群山形成完美的对应。

于是，他兴冲冲地吟出这首《西湖晚归回望孤山寺赠诸客》诗，把孤山的幽静和优雅之美说到了极致。

在白居易看来，孤山虽不与群山相连，但它不是弃儿，而是宠儿。孤山在与群山和湖水的相对中，形成一种相映、相敬的关系，更显它雅致的品格和品质。正如他后来在另一首回忆孤山的诗中所写的那样：

松排山面千重翠，月点波心一颗珠。

可以说，白居易真正发现了孤山的内在之美，也即那种由内而外的，从底蕴里散发出来的雅致之美。无论怎样形容孤山，优雅、从容、温柔、幽静、孤傲、独立……用什么样的词汇，都是不为过的，都是难以真正传达出那种深深对应人心灵的恬淡、舒适、柔美和温馨的。

所以，对白居易来说，无论是“最爱湖东行不足，绿杨阴里白沙堤”，还是“未能抛得杭州去，一半勾留是此湖”，在他的心灵深处，是真正地把这座城、这片湖当作了他的家园，安放他的灵魂。不然，在依依不舍地离开杭州之后，他不可能念念不忘，还多次用“最忆”的极致之词来表达他由衷的赞美，并为杭州作为江南的经典进行了诗意的定位。

你听，当后人读到他的“官历二十政，宦游三十秋。江山与风月，最忆是杭州。北郭沙堤尾，西湖石岸头……”一诗，能不感受到他发自内心的喜悦和内在的超越吗？

是的，在白居易心中，那才是真正的雅士天堂。

孤山在林逋心中就是一座圣山

说起孤山，就离不开一个“孤”字。除了它地理上的“孤”之外，还与“人孤”有关联，应了那句民间的“孤山不孤，人孤” 之说。

然而，人孤，并非只是指人的孤单，而是与人品格的高洁与意志的坚定、坚强相关联。有人曾用“一梅、一鹤、一人、一孤山”来描述孤山，不仅十分形象，也颇有诗情画意。

而这一切，都与宋朝的一个人有关，这个人就是著名隐逸诗人——林逋。

林逋在把江南、江淮游个遍之后，最终看上了孤山。

在他的眼中，孤山是自己隐居的绝佳之地。

孤山，在西湖的群山中，看上去是一座不太起眼的山，与其他的山相比，它不够高，山体也不够大，且又是孤零零地屹立在西湖的一侧，显得十分地孤独。

其实，孤山是西湖最大的一座自然岛屿，面积约二十公顷，高三十八米，是一处山体郁郁葱葱，四周碧波环绕，自然环境十分幽静、隐秘、优美、雅致的胜地，也是近距离观赏西湖景色的最佳体验地。

林逋并不是一个仕途失意或潦倒落拓的人，而只是天性喜恬静。他的一生似乎很简单，如同他的为人一般，恬淡、孤简。《宋史》称其“性恬淡好古，弗趋荣利”。

他爱好自然，不善交际，孤高自好，不趋炎附势，自幼刻苦好学，通晓经史诸子百家，功底深厚，满腹经纶，学识渊博，有人劝其出仕，但被他婉言谢绝，自谓“吾志之所适，非室家也，非功名富贵也，只觉青山绿水与我情相宜”。

在漫游江南、江淮之后，林逋发现还是孤山是他最佳的隐居地，除此之外，别无他处。

他决定不再漫游，择吉日，乘小舟，去孤山。

真正的隐居生活，听上去的确很美。

然而，千年前的孤山，绝不像今天这样热闹、喧嚣，而是丛林密布的荒郊野岭之地，尤其是夜幕降临之时，四周更是寂静，实乃无人之境也。林逋选定孤山作为自己的隐居之地，过起独居的生活，可以想象是需要多么强大的内心定力。

当然，既然选择了独居，那么，就必当义无反顾了。毕竟这是他思考了许久，也是他梦寐以求的生活。

北宋大中祥符元年（1008），一个初雪纷飞的日子，林逋雇了一条小船，悠悠荡荡地来到幽僻的孤山，择一幽静处定居下来，开始了他二十年足不入城的隐居生活。

这一年，林逋四十一岁。

古人曾有“人到中年万事休”之说。中年既是人生鼎盛之时，也是开始走下坡路之际。

林逋选择在中年鼎盛之时，开启隐居生活，并非有什么难言之隐，而是他在透悟人生之后的一种清醒选择。正如古人所云，凡隐居之人“须含贞养素，文以艺业。不尔，则与夫樵者在山，何殊异也”[①]。

来到孤山后，林逋选择靠东北山麓的一处高台，开始建茅屋。

此处，夏时背阴，清风徐来，十分凉爽；冬时有阳，缕缕阳光，颇感暖意。向东拐，可临杭城，视野开阔；往西拐，沿山边小道行走，可见茫茫群山。而正对面则是宝石山，与孤山之间形成一个狭长的山谷，两岸树木郁郁葱葱，中间湖水清清，风平浪静之时，两山倒映在湖中，好一幅意境深远的山水图画，正合隐居所需。

茅屋造好之后，林逋住了下来。正当冬末时节，万木凋零，一派肃杀，唯有山坡上那一片梅林飘来的暗香，让他感到心动，深呼吸一口，真是沁人心脾。

他走近一看，说是梅林，其实只是稀疏几株梅树而已。于是，他打算再种上一些，让它成片成林，也让暗香浮动得更浓郁一些。

在他的精心栽培下，孤山的梅树逐渐成林，原先散落的几株，也连成一片。翌年冬末，梅树陆续开花，最

①李延寿：《南史·隐逸上》。

先报告春天来临的气息。他甚是欢喜。尽管孤身一人，但有梅花相伴，并不觉得孤单。

一天，梅林飞来几只鸟儿，林逋顿觉心头有一种跃动感。他决定，再养两只白鹤，一静一动，隐居生活会更添几分乐趣和生机，而且也更加雅致。

隐居的日子很清净，无论晴雨，他都在孤山各处走走，过着“带月荷锄归”的清逸日子，如同他《小隐自题》诗中所写：

竹树绕吾庐，清深趣有余。
鹤闲临水久，蜂懒得花疏。
酒病妨开卷，春阴入荷锄。
尝怜古图画，多半写樵渔。

不过，更多时光，他在茅屋里写诗作画，好不自在。

一日傍晚，从梅园望去，只见一弯新月映照西湖，水天一色，好一派清净素雅的景致。顿时，一首诗就吟了出来：

众芳摇落独暄妍，占尽风情向小园。
疏影横斜水清浅，暗香浮动月黄昏。
霜禽欲下先偷眼，粉蝶如知合断魂。
幸有微吟可相狎，不须檀板共金尊。

这首题为《山园小梅》的诗，把他的理想，他的情操，他的人格，与梅树、梅花融为一体，意境清幽、淡远。梅花的高洁、淡雅，与他爱梅、恋梅、咏梅的心境极为合拍。尤其是“疏影横斜水清浅，暗香浮动月黄昏”两句，绘影传神地表现出梅花的形与神，展示了梅花独特的气质风韵，被誉为神来之笔，后人遂把“疏影”“暗香”作为梅花的代名词。南宋诗人王十朋称这两句诗是：“暗香和月入佳句，压尽千古无诗才。”

梅花，是林逋的最爱，寄寓了他全部情感。

冬日的一天早晨，他刚出门，两只十分通人性的白鹤见到主人，就热情地向他扑了过来，好不欢喜。他唤着白鹤，跟着他一起走向梅园。远远望去，只见朵朵梅花，在洁白的雪的映衬下，分外耀眼鲜艳，一阕词就在脑海中浮现出来：

冰清霜洁。昨夜梅花发。甚处玉龙三弄，声摇动、枝头月。　梦绝。金兽爇。晓寒兰烬灭。要卷珠帘清赏，且莫扫、阶前雪。

这阕《霜天晓角》词，写出了他对梅之美的挚爱。绝好的词，绝好的诗，都是他献给梅花的一片深情。在他眼中，唯有梅，才与他绝配。当然，还有那两只随他而起舞的白鹤……

他真的爱上了孤山，爱上了隐居孤山的日子，有梅的相伴，有鹤的相随，有孤山、西湖的美景，有如泉涌的心中的诗、心中的词，这是多么清静、优雅、丰盈的生活，是多么美好的生命时光。

隐居孤山的日子，并不是彻底与世隔绝。他对生命的爱，对人间的情，是藏在心灵最深处的。他只想此生纵情于山水之间，做一人间逍遥客，把生命中最美好的情感，都献给西湖的山山水水，因为这是他一生最钟情乐意的事情。

〔清〕钱杜《孤山梅隐图》

风和日丽之时，他常常自驾一叶扁舟，在湖光山色中荡漾。闲时，也与高僧诗友往来，参禅论道，煮酒烹茶，好不自在。

一日，正当他摇着小船在湖中游弋时，抬头向空中望去，只见自己养的那两只白鹤向他飞来。他知道，有客来访了，遂掉转船头往回划去。靠岸后，他向住所走去，一进门，只见两位陌生客在堂前坐着。见主人到了，两位客人起身作揖致礼，其中一位自我介绍道：

“在下范仲淹，前来拜见先生。”

“久仰，久仰。”林逋回答道。

虽是第一次相见，但林逋对范仲淹并不陌生，他曾收到过范仲淹寄给自己的诗，尤其是对其中“未能忘帝力，犹待补天均。早晚功名外，孤云可得亲”两句，记忆犹新。两人神交已久矣。

范仲淹来访，林逋十分热情，这让范仲淹受宠若惊，也倍感荣幸。鼎鼎有名的前辈这样接待自己，范仲淹心

情十分激动，话也多了起来。听了前辈的许多教导后，他说："先生虽为隐逸之士，但始终情系天下，也终将会被朝廷重视。因为先生是这俗世的一股清流，是引导社会向上的力量。"

他还举例说："先生，您看，先帝真宗就曾赐粟帛于您，并诏告府县存恤之。当今圣上也是这样做，说明朝廷是不会忽视先生的。"

林逋听了，会心一笑，但听他当面夸奖自己，还是觉得很不好意思，急忙打断范仲淹，说："现在正是暮春，也是西湖风光最美的时节，我们还是出去走走，欣赏一下西湖的美景。"说着，就拉着范仲淹的手，三个人一道下了山，向西湖走去。

三人边走边聊，时走时停，十分投机，十分尽兴，不知不觉围着孤山走了一圈，回到茅庐，已近傍晚。林逋吩咐童子准备好了晚餐，三人又坐了下来，边吃边聊，谈了许多。范仲淹再作诗一首，题为《和沈书记同访林处士》：

山中宰相下岩扃，静接游人笑傲行。
碧嶂浅深骄晚翠，白云舒卷戏春晴。
烟潭共爱鱼方乐，樵爨谁欺雁不鸣。
莫道隐君同德少，樽前长揖圣贤清。

在诗中，范仲淹赞美了林逋悠然自得、清静而又智慧的人生，也写出像林逋这样的隐士对于国家、人生的冷静观察和反思，称赞他像南北朝著名隐士陶弘景一样，虽在隐居，但对时局有着敏锐的观察力，以至于皇帝一有什么大事，就一定亲自去他隐居地拜访他，征求他的意见。同时，范仲淹也表达了内心对林逋与西湖山水和谐共处的生活方式的由衷向往。

林逋从与范仲淹的对聊中，更深入地了解了范仲淹“忧以天下，乐以天下”的崇高情怀，也由衷地表示敬佩，十分认同他的许多观点，并给予赞许和评价。

与林逋的一席长谈，范仲淹说是胜读十年书，获得许多鼓励，对他后来的为官生涯产生了重要影响。虽然他俩一生只见过两次面，但每一次见面和交谈，都深入心灵，留下的记忆刻骨铭心。

林逋终身不娶，以梅为妻，以鹤为子，与孤山、西湖融为一体。

在孤山隐居的日子里，林逋喜作诗、填词，后人评价他的词“澄浃峭特，多奇句”。平日，他想到就写，随写弃之。友人见了，问他说：“何不录以示后世？”

他答道：“吾方晦迹林壑，且不欲以诗名一时，况后世乎！”

〔明〕项圣谟《孤山放鹤图》

临终前，他写有一首题为《自作寿堂因书一绝以志之》的绝笔诗：

湖上青山对结庐，坟前修竹亦萧疏。
茂陵他日求遗稿，犹喜曾无封禅书。

湖光、山色、梅影、鹤舞，隐居孤山的林逋，赋予了中国隐逸文化新的内涵：心怀天下，至情至性，遗世独立，清澈高洁。如后来放鹤亭联所云："水清石出鱼可数；人去山空鹤不归。"

林逋隐居孤山，流芳千古。施鸿保在《闽越杂记》卷四中记载，林则徐将林逋视为林氏先辈。清嘉庆二十五年（1820），他在浙江杭嘉湖道任上，政事之暇，重修了孤山林逋祠堂及林墓，补种梅树三百六十株，豢养二鹤于墓前。且在整修一新的林逋祠堂，撰写了两副对联，其中一副是："我已家风负梅鹤；天教处士领湖山。""负梅鹤"乃"负林氏家风"之意。林则徐觉得自己没有做到先辈倡导的"隐而不仕"之"家风"，心有愧疚。"领湖山"说的是林逋隐居孤山，使孤山成了一处风景秀丽的文化胜地，乃隐士之杰作也。所以，他说孤山是上天赐予和靖处士之领地。于是，也就有了另一副对联："世无遗草真能隐；山有名花转不孤。"现仍挂在放鹤亭的亭柱上。

正可谓，千年孤山，唯林逋独尊也。

夜幕下的孤山更让邵长蘅心动

邵长蘅[1]读到林逋隐居孤山所写的诗文时，心里总是有着抑制不住的冲动。什么叫作心向往之？这下算是有了真正的答案。

在邵长蘅看来，林逋不仅用自己的生命实践，诠释了隐居孤山的日日夜夜，更用优雅的诗文描绘出了孤山的雅致之美。他的生活情景，那种生命的情怀，都是雅致生活的典范。尤其是《山园小梅》一诗，那情、那景、那旷世的隐逸雅致，后人谁能与之相比呢？

在诗中，林逋把自己的情操、情怀、理想与开放在孤山的朵朵小梅糅合在一起，以景衬物，借景抒情，将山中幽雅之境与小梅洁雅之韵，展现得淋漓尽致，凸显出冠绝群芳的梅花形象，凸显出她高洁、淡雅、幽香的本质，且意境幽远，境界高尚。

邵长蘅每每读此诗，都会有不同的体会。他下决心要去孤山，亲身感受一下林逋的生活情景。

平生喜爱游历四方的邵长蘅，对孤山却格外地钟情。

①邵长蘅（1637—1704），一名衡，字子湘，别号青门山人，武进（今江苏常州）人。其喜欢游览名胜古迹，自壮至老，足迹遍及半个中国。他诗文俱佳，为后人所称道，有《青门全集》等。

他发现，孤山不高，不奇，不峻，那么它为何会被白居易称奇？被林逋当作天堂？肯定是有它独特之处。然而，究竟是有怎样的独特之处呢？可能一次性地走马观花，是解不开这个谜的，应当在杭州多住些日子，静下心来，细细游览，方能品味出她的内在之韵、内在之美。就像在西湖边品虎跑水沏的龙井茶一样，一口牛饮下去，是什么也体味不到的，只有细细品之，方能领略到那无法形容的甘甜。

邵长蘅决定去杭州住段时间，细细地品味一番杭州，尤其是孤山独有的美。

邵长蘅的族兄戒庵[①]在杭州有别业，他写了一封信给族兄，说了自己的想法。族兄看了信，随即回信表示欢迎，对他说："你随时都可以来，我这里的四可楼，正对着孤山，不仅可以让你看个够，也能让你玩个够。"

邵长蘅大喜，放下手中的活儿，开始谋划杭州之行。

他觉得仲夏去，天气太热，静不下心来，品味不了孤山之美，只有与孤山心心相印，才能领略到它优雅的气质。虽然被称为孤山，但它绝不会孤僻。不然，林逋如何会将自己的毕生都交付于孤山？

终于将游览孤山的方案策划好了，邵长蘅选择了农历七月的一个日子，动身前往杭州。

诗云"七月流火"，农历七月，天气已由暑渐凉了，是游览孤山的最好季节。

来到杭州，他在族兄西湖边的别墅中住了下来。如族兄所说，四可楼对面就是孤山，坐而对望，相看两

①邵长蘅的族兄戒庵，名邵远平，字吕璜，号戒庵，又号戒三。清康熙三年（1664）进士。官光禄少卿、少詹士，因曾官侍读学士，故又称其"学士"。

不厌。确如前人所云："钱塘之胜在西湖，西湖之奇在孤山。"

农历七月十二日傍晚，雨过天开，虽是天色渐暗，但能见度还不错。只见四可楼对面的孤山，被雨水洗过之后，在夕阳的映照下，郁郁葱葱的山体，像是披上了一件金色的衣裳，微凉的风徐徐吹来，带来的全是山谷的清新和芳香。

邵长蘅决定出门，好好地游览一番孤山，一睹孤山真风采。

一出门，抬头望去，只见一轮皎月升起在东南山峰上，银色的月光洒在湖面，与水波溶漾，湖碧天青，万象澄澈。特别是在波光粼粼的湖水映照下，孤山显得更为俊俏。他当下就来了兴致，与族兄一道，带上一童子，叫来一只小船，吩咐船工向孤山划去。

船一靠岸，他们先是去了放鹤亭，邵长蘅要亲自去感受一下那景、那情、那境。

三人来到放鹤亭前，停了下来，他与族兄在前，童子在后，先是向亭子行注目礼，然后，双手作揖，鞠躬致敬，向林逋先生表达尊崇之意。接着，他们去了林逋墓，在墓前徘徊了好一阵子，后又特意绕着墓，转了三圈才离开。

祭拜了放鹤亭和林逋墓之后，邵长蘅一行行走在沿山的低湿小径上。尽管西天的彩霞渐渐淡了下去，但一路上，大家还是兴致勃勃。不一会儿，就走到了山旁的望湖亭，三人扶着亭栏，向湖面四处望去，只见湖面像一面镜子，月光照耀下，环湖的群山倒映其中，构成了

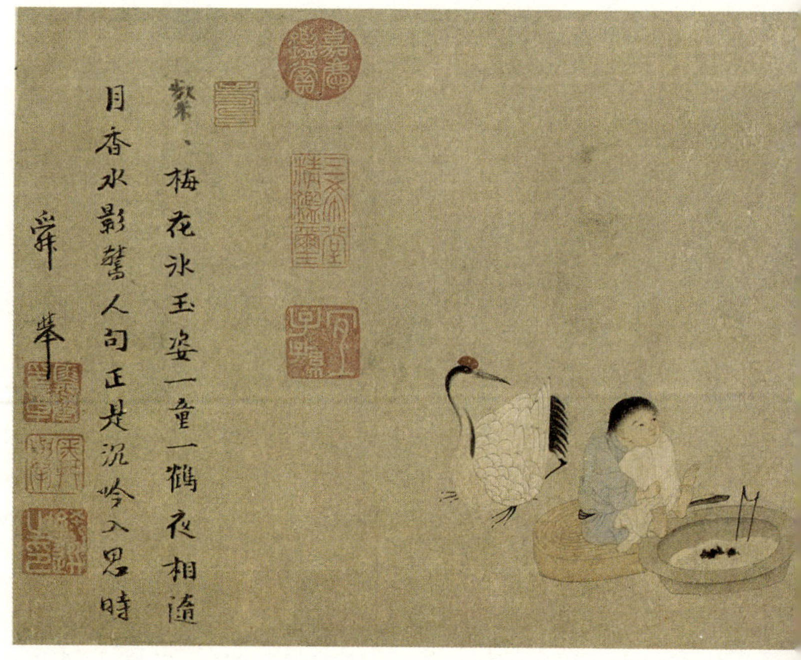

〔元〕钱选《西湖吟趣图》

一幅宁静致远的淡雅水墨画。

邵长蘅跟族兄说："真山水胜景也，怪不得林逋先生择此处度其终生，实是人生一大快慰事！"族兄连连点头，赞同地回应道："是的，此处正好处在湖与山的中间，又逢着有月亮的夜晚，所以特别地好看。"

见天色暗了下来，三人离开亭子，向西走去，一直走到陆宣公祠[1]。祠的两旁住有十来户人家，此时，茅屋里的灯火，不时地透过周边的草木丛隐隐约约地闪烁着，真是好一幅人间烟火图。

三人不想惊动人家，便再向西行，不久便到了西泠桥。感觉有点累，族兄便提议在桥上小憩一下，三人遂停下，靠着桥的石栏休息。

①唐朝宰相陆贽的祠堂。

此时，天还未完全暗下来，西天尚有些暗淡的云彩，加上有月光的照耀，尚能看见彼此的脸庞。族兄指着一处地方，对邵长蘅说："你看，那里就是当年贾似道[1]的后乐园，曾经显赫一时。又有'水竹院'，左边倚靠着孤山，右边与苏堤连接，是何等的奢华，而如今都已成废址。俗话说：'花无百日红，人无千日好。'人生在世，当以'仁爱'为本，与人为善。可是，这个贾似道就是为人太坏，奸贪误国。看看如今，盛极一时的后乐园等，成了什么模样？"

"是啊！贾似道之类如果不做权臣，多做善事，多积德，其后代或许还能延续祖上的豪华，可如今，他们身后留下的只有滚滚骂名。"邵长蘅回应道。

①贾似道，字师宪，浙江临海人。其姊为宋理宗贵妃。后人多认为他是宋理宗、度宗时的奸臣。

邵长蘅接着说："如今的湖光山色，与过去并非有什么不同，依然是桃花笑东风。然而当年权势非常显赫的人，修筑亭台楼阁、享受豪华冶艳的人，都已不复存在了。而林逋只是一介平民，不以物喜，不以己悲，只身隐居孤山，与世无争，有始有终，留下的是美文、美名，百年流芳，直到今天，依然为人所仰望、敬佩，其墓、其亭，及其亲植的梅树，皆与孤山共存。因此，林逋乃真雅士也。”

他的一番感慨，为族兄所认同。二人凝视夜幕下的孤山，只见山色朦胧，若隐若现，好不自在。邵长蘅心潮起伏，浮想联翩，真想学学林逋，从此留在孤山，种梅，赏梅，放鹤……与孤山融为一体。

天色越来越暗了，山风习习，颇有些寒意。二人虽游兴未减，依依不舍，但也不得不打道回府。

带着童子，他们开始往回走。

这次夜游孤山，邵长蘅领略了孤山的真风采。他对族兄说，下次还要来。

他说到做到，之后来杭州时，便都要多住上几日，再专门去孤山一趟。

他也多次跟族兄表示“欲结庐孤山放鹤亭侧，与处士卜邻”。说想学林逋，在孤山放鹤亭旁修一茅屋，与林逋为邻，要把孤山当作自己安放生命和灵魂的场所。因为在他眼中，只有像林逋那样的雅士，才能真正地认识孤山，了解孤山，把身心都托付给孤山，因为那里才是雅士的天堂，如他在后来作的诗中所云：“吁嗟乎！人生位置有如此，上马出门暮山紫。”

是的，邵长蘅企盼的就是像林逋那样，在自己的世界里，做真实的自己。淡泊、平凡，这应是一种灵魂的洒脱，是灵魂的升华。

心灵有归宿，人生才会真正有家。林逋在孤山有梅鹤相伴，静心、参禅、独处、悟道，心如止水，远离世浊，不为繁华易素心，不为五色所迷惑，在孤山的云林深处，守得一方净土，心境澄澈，淡然自若，过着自己的快意人生。

人生几何复几何？魂兮归来！只有让心的世界洁净无尘，自守飘香留芳，才能获得无限人生意趣。

满目星河久，一枕清梦长。

邵长蘅在孤山长久地凝思，终于，他悟透了生命的道理。

第三章

宝石山：绚烂至极

钱塘有石甑山，山头有巍石如甑然。……上有七层古塔，妙绝人工。山北有落星二石，吴越王钱氏号寿星宝石山，后改为巨石山。罗隐《封石记》云：『或耸秀而层排巨石，或岩峣而朝挹众山。』

——施谔《淳祐临安志》

葛洪在北纬30°的宝石山上修道炼丹

宝石山没有吴山那般热闹，那般的世俗市井气，相对要清冷，甚至孤傲，它用自己的神秘彰显着个性：多彩、绚烂、神奇……

明代文人张岱在《西湖梦寻》中说宝石山玛瑙坡“在保俶塔西，碎石文莹，质若玛瑙，土人采之，以镌图篆”，鲜明地道出了宝石山的特点。

这是上天赐给杭州的无价之宝。

在经纬度还没有制定之前，葛洪凭直觉，就知道了宝石山的神奇，确定了它的方位。尽管人到晚年，身体大不如前，但他还是下决心要去一趟杭州，亲上宝石山，去那里亲身感受一下，或去那里觅宝、炼丹、修道、成仙。

殊不知，这座后来定位地理坐标为30° 15.570′ N，120° 07.771′ E的宝石山，恰好与这个星球上同处于北纬30°的许多大自然和人工的奇迹，如金字塔、百慕大三角、撒哈拉大沙漠、珠穆朗玛峰、黄山、庐山、峨眉山、三星堆、钱塘江大潮等一样，充满神秘和传奇。

以道家之智，道教之术，在访遍名山大川后，葛洪锁定了宝石山。

在他的眼中，宝石山的绚烂神奇、气质清高等特点，正合道家之风范。他要在流霞缤纷、熠熠闪光，似翡翠玛瑙一般的山体中，炼制一种能长生不老的成仙金丹，也为人间留下一宝。正如他在《玄灵之曲》中所剖白的那样：

大象虽寥廓，我把天地户。
披云沉灵舆，倏忽适下土。
空洞成玄音，至灵不容冶。
太真嘘中唱，始知风尘苦。
颐神三田中，纳精六阙下。
遂乘万龙辖，驰骋眄九野。

葛洪一到宝石山，就感到有一股仙气，从东南方向飘过来，氤氲在宝石山东头的山谷。

这可是修道和炼丹的上乘之地。

他赶紧目测方位，选定宝石山东麓一块稍平整的山地，结庐而居。

清晨，葛洪从庐舍中出来，迎着初升的太阳，向宝石山顶走去，只见宝石山岩沐浴在朝霞中，山体闪烁着七彩光芒。他心中一喜，认为这真是上天所赐的一块宝地。

葛洪奉行道家一向秉持的“无为”理念，主张“道法自然”，讲究人与自然的亲近，从大自然中获得生命的启示，促进生命的成长。

老子在《道德经》中说：

天长地久。天地所以能长且久者，以其不自生，故能长生。是以圣人后其身而身先，外其身而身存，非以其无私邪？故能成其私。

意思是说，天地之所以能够长久存在，是因为它并不是为了自己的生存而运行着，所以有道之圣人，遇事谦退而无争，反而能在众人之中领先。将自己置于度外，反而能保全、成就自身生存。

葛洪正是吸收了道家的这种理念，推崇人与天地万物的融合，道生一，一生二，二生三，三生万物，亲近自然，天人合一，遵循道法。在他看来，这种与天地的对应，即“天即是我，我即是天”，二者融为一体，追求万物的生生不息，终可以成就生命。

因此，葛洪选择宝石山——这座奇特的石山作为道场，以清静、无为成就无欲、无求。吸天气之灵气，通过打坐、静默、炼丹等方式，修炼生命，打通人体内宇宙与天地外宇宙的通道，讲究以“观”的方式，观天地、观气象、观天道、观万物，以求得道。如《上元夫人歌步玄之曲》一诗中有云：

昔涉玄真道，腾步登太霞。
负笈造天关，借问太上家。
忽过紫微垣，真人列如麻。
渌景清飙起，云盖映朱葩。

在《抱朴子内篇·勤求》中，葛洪强调：“道家之所至秘而重者，莫过乎长生之方也。故血盟乃传，传非其人，戒在天罚。”

在他眼中，宝石山就是这样一个极其神秘的地方，自然也是炼丹的最佳之处。

《晋书·葛洪传》记载：葛洪“从祖玄，吴时学道得仙，号曰葛仙公，以其炼丹秘术授弟子郑隐。洪就隐学，悉得其法焉。后师事南海太守上党鲍玄”。葛洪的炼丹之术，是师传的，一脉相承，他在《抱朴子内篇》中也作了说明：“昔左元放于天柱山中精思，而神人授之金丹仙经。会汉末乱，不遑合作，而避地来渡江东，志欲投名山以修斯道。余从祖仙公，又从元放受之。……余师郑君者，则余从祖仙公之弟子也。……余受之已二十余年矣。”

炼丹，道教认为是寻求长生不老的重要方式和途径。

神奇的宝石山，山体奇秀，环境幽静，山中又有不少的清泉，如双钱泉、白沙泉等，泉水甘美，非常便于取水炼丹。现遗存的炼丹古井，传说就是葛洪当年炼丹取水的泉眼井。

葛洪可谓是慧眼独具，一眼就看中了宝石山，认定其是结庐、炼丹的极佳之地。

葛洪对宝石山的了解，应是烂熟于心了。在他眼中，从山体、山形上来看，宝石山与环绕西湖的群山构成了一个马鞍形。它横贯在西湖北岸，远观山顶，朝北的一面，挺立着一块巨石岩体；近看山体，则可见流纹岩和凝灰岩，后人经化验发现其中含有丰富的氧化铁，故岩体面呈赭红色。而登上山顶远眺，前方就是湖光山色，风景如画。

当然，葛洪选择此地炼丹，凭的不是化验和分析，而是他独特的道家理念和智慧，以及独特的炼丹术。

依道教之术炼丹，虽然如今可以用化学原理一一作出解释，但当年择地炼丹，可不是一件随随便便的事情，而是要符合天、地、人合一的道家宇宙观，符合有利于求道成仙、长生不老的认识观。无论炼外丹还是内丹，都是如此。

葛洪选中宝石山作为炼丹之地，当然是看中了其山体、山形符合道教炼丹的各项要求。尽管当时他并不能像现在一样用科学仪器测量、勘探来选定地址，但依据道教的认识理念和方术，他一来到宝石山，就一眼认定这是一座非常符合炼丹要求的山。选好地址，非常重要。

据记载，葛洪先后炼出了密陀僧（氧化铅）、三仙丹（氧化汞）等外用药物的原料，可用来医治外伤。后来，他又发现其化学反应是可逆的，故在丹砂（硫化汞）加热时，则又可以炼出水银，而水银和硫磺的再次结合，则又能变成丹砂。此外，他还掌握了用铅制作铅粉和铅丹的工艺。在《抱朴子内篇·黄白》卷中，他作了记载："铅性白也，而赤之以为丹。丹性赤也，而白之以为铅。"

葛洪亲自炼制，最终在宝石山中完成了金丹炼制的工序，收获了不少的金丹。

葛洪在宝石山炼丹成功的消息不胫而走，不仅是那些皇亲国戚、达官贵人为讨得金丹，纷纷上山朝拜，杭城的普通百姓也成群进山，如能讨得金丹，则好不欢喜。

相传有一年，杭州地区瘟疫盛行，引起恐慌，百业萧条，人人自危，唯恐染疾上身，居民纷纷上宝石山，拜见葛洪。葛洪得知原委，不忍百姓遭疫疾之苦，遂派人将丹丸投于杭城各井中，百姓饮此井水后不久，瘟疫消解，杭城又见往日繁华。

〔明〕李芳《葛洪炼丹图》

因多次造福百姓，葛洪在杭城享有盛誉。一些百姓一有困难，就上宝石山求助。如今的宝石山上，葛洪炼丹的山岭，被称为“葛岭”，后人在此建有“初阳台”。

每当朝霞映满东方，一轮初阳冉冉升起，站在台上，沐浴在绚烂的霞光里，眺望远近的湖光山色，好一派绚丽的风景，让人心旷神怡。

葛岭和初阳台，被列为元代钱塘十景之一，名“葛岭朝暾”。

初阳台的两侧石柱上，刻有一副对联：

晓日初升荡开山色湖光试登绝顶；
仙人何处剩有石台丹井来结闲缘。

后人为纪念葛洪，在宝石山麓建有道院，依他的道号及《抱朴子》篇名，取名为“抱朴道院”，成为宝石山的一处景观。

吴越王说宝石山顶建塔可保四方平安

在古印度，“塔”是为安葬佛祖释迦牟尼火化后的骨灰而建造的一种名叫“窣堵波”[①]的建筑。东汉末年，随着佛教的传入，在与本土建筑不断地融合中，演化为具有中华文化含义的“塔”，由此也留下了许多动人的故事。

公元 907 年，曾盛极一时的李唐王朝，走完了它最后的路程，中国历史进入被史家称为“五代十国”的割据时代。占据以杭州为首的两浙十三州、任镇东军节度使的钱镠，同年被后梁皇帝朱晃正式册封为吴越王兼淮南节度使，镇守东南一隅。

从此，钱镠坐镇杭州，主政浙江事务，开始对杭城进行大刀阔斧的改建与拓展。

在规划杭城时，钱镠注意到了石甑山，也即后来所称的宝石山的特殊位置。在他看来，此山作为西湖群山北翼之尾，正好与处于南翼的吴山形成一个对角，使三面环山的西湖完美地对接杭城。

从山脉走向来看，由天目山脉一路逶迤而来的西湖

① 梵文 Stupa 的音译，意为坟冢。

群山，在奔向东海的途中，到了湖边，整个山势似乎变得平缓而低矮起来了，一直到临近杭城。前人借传为晋代郭璞的诗句“天目山前两乳长，龙飞凤舞到钱唐”来形容湖山与杭城的关系，同时也道出了湖山与城的空间格局特点。所以，位于西湖东北翼的宝石山，就大有收煞天目山脉之锁尾功能，使之在临城的平原空间，显得格外突出。

在钱镠看来，如果能在三面环形山的东北翼最末端的宝石山顶建一座塔，起到锁定城与湖的镇守功能，不仅可以消除西湖水患，而且还能保四方安定。

对于在宝石山顶建塔的构想，钱镠是有自己的考量的。

早年他信道教和方术，后来又信佛，与当时的诸多高僧来往密切。史书记载，他“稍通图纬诸书”，也即略微通晓“谶纬”一类的书。而且，他早就听说此山的不寻常之处，与“千古一帝”秦始皇有关系。

传说，秦始皇在驾崩前的最后一次出巡中，曾驻留杭州。当时的西湖，还是一个浅海湾，与钱塘江相通。他带领的军队就在宝石山下靠岸停泊，缆绳就系在宝石山南麓的一块巨石上，后来这块石头被叫作“缆船石”。

所以，钱镠在宝石山顶建塔，要考虑的是整座城、整个国的长治久安，同时，更要特别顾及作为吴越国首府的杭州的规划布局。

钱镠认为，首府杭州与西湖关系密切，在整个杭城规划中，就必须将城与湖进行整体规划。

想到此，他传令下去，要亲上宝石山去考察一番，看看怎样才能够将城与湖紧密结合，令其相辅相成，成就城、湖一体的首府布局。

部下得令之后，便忙着为他上宝石山考察作准备。钱镠也请了高人，选好吉日，还到城隍庙里去祭拜，然后，便带了一班人马浩浩荡荡从城南出发，进军宝石山。

不一会儿工夫，大队人马就到了宝石山下。

在进山前，钱镠举行了祭拜仪式，然后，带领大部队一路上山去。

快到山顶时，钱镠看见一块阳光照耀下的巉岩怪石，闪耀着光芒，如同彩霞积聚。

他快步走了上去，此时周边松涛起伏，顿觉有一种登高临风的快感。再转过身去，他又看见一块卵形巨石凌空，乍一看，似乎摇摇欲坠。

他停了下来，对众人说："你们看，这块巨石看似要坠落，其实，它的座基还是十分稳固的。看其北面的青苔，就知道它在这里已有多个年头了。以前，人们称其为'落星石'，这很不吉利，我看，应改它叫'寿星石'。"

众人连连称赞，齐声说："吾王英明！"

在众人的附和声中，钱镠更是兴致勃勃。他穿过巨石，往西侧走去，只见巨崖下有一个石洞，人称"川正洞"。洞口比较窄，众人只能排队依次通过。穿过洞后，两边陡峭，是狭长的石峡，峭壁如削，大部队难以通过。

保俶塔和寿星石

这如何办呢？传说是钱镠一声大吼，峡谷里即刻传出回音，形成震天的轰鸣声，紧接着，他用脚朝挡在道路前的石头用力蹬去，石头便滚落山下，让出通道，部队方得以通行。当然，传说只是传说，不过从某个角度说明他的神奇、他的神力。至今宝石山上的峭壁，据说还留有钱镠当年的脚印，此岭也被称为“蹬开岭”，颇为传奇。

通过考察宝石山，钱镠对在山顶上建塔，有了通盘考量。然而，吴越建国之初，诸事繁多，所以钱镠整个在位期间，一直没能开工建造，直到钱弘俶任吴越王时，建塔之事才被提到议事日程上来。

一日，大臣吴延爽，也是国舅，向吴越王钱弘俶提出：“太祖早已有在宝石山顶建塔的想法，却一直没能开工建造，如今天下太平，国力强盛，为保四方永久平安，当继承先王遗志，可以考虑开工建塔了。”

吴延爽笃信佛教，常做佛事，说是建塔，同时也是为了安放“东阳善导和尚舍利”。

善导和尚是吴越国东阳人，在前朝时就已是一代高僧，为净土宗第二代祖，有很高的声望。国舅的提议，得到了同样笃信佛教的钱弘俶的赞同和支持。在他的主持下，择了吉日，请了高僧，便开工建造。

在宝石山上建塔，在当时是一项浩大工程。按照当时的规划，建的是九层塔，同时在塔下面，还建了一座寺庙。经过精心施工，不久，一座高高的塔，便矗立在宝石山山顶上，格外地引人注目。由于塔与寺是合一的整体建筑，人们就称寺为“宝塔院”，称塔为“宝塔”。

后来，宝石山顶的这座塔被称为“保俶塔”，如今依然俊秀地矗立在宝石山上，与位于夕照山的雷峰塔，形成了一个完美的对应，民间故有“雷峰如老衲，保俶如美人”之誉。

保俶塔，与文莹玛瑙般的宝石山乃是绝配，同时，也使碧玉流霞的山体，与西湖成为绝配。尤其是在阳光的映照下，塔与宝石山融为一体，如同阮籍《清思赋》中所吟唱的那般：

色熠熠以流烂兮，纷杂错以葳蕤。

绚烂至极的宝石山上，矗立着一座优雅的保俶塔，亭亭玉立，妩媚多姿，在西湖的柔波里，更显多情、柔美、婉转、耀眼。

沈周两次远游钟情的只有这一个地方

已公认是吴派画风掌门人的沈周，自幼恪守“父母在，不远游”的古训，不曾远行他乡。

然而，沈周知道，有天堂之称的苏杭，其实是一体的，或者说是一家的。更何况，他的家族本就世代生活在杭嘉湖平原上的吴兴（今浙江湖州），只是元朝末时，才移居到苏州相城。从此，他成了苏州人。

虽然从地理角度来说，苏州和杭州是两地，但从文化属性上来说，两地都属吴越文化，是后来的江南文化的明珠，也是作为中国文人精神原乡之一的江南最具代表性的两个地方。

沈周一生中只有两次远游的记录，都是从家乡长洲，也即苏州，至杭州游历。无疑，杭州对于沈周而言，应是他最钟情、最留恋的地方，也是他心中的故乡。

文化上的同质，使从未远游过的沈周，在他人生鼎盛的中年，即明成化七年（1471），他四十五岁时，完成了一次到杭州的远游，见到了书本和诗词里常常描写的杭州和西湖。

其实，沈周想去杭州远游一番，并不是一时的心血来潮，而是心中盘桓已久的念头。

他的一位杭州好友，诗人刘邦彦，与他神交已久，有过多次书信来往。刘邦彦常常会通过自己的诗作，把杭州和西湖的美景描绘给他看，让他羡慕不已，心向往之。他也曾赠诗刘邦彦，称赞他的诗文写得好，同时也表达了自己想去杭州和西湖游览的想法。他诗中说："每羡好诗如好画，不须相见即相知。"所以，当沈周把想法说给家人听的时候，家人并不觉得奇怪，都说老爷应该去杭州一趟，何况杭州离长洲并不遥远。

他体弱多病的弟弟沈召，听说哥哥要去杭州，不顾自己的身体状况，死活也要哥哥带上他一道同行。本来沈周并不想带上弟弟，但实在是架不住弟弟的软硬兼施，最后只好答应他。

沈周又把自己的想法告诉了好友刘珏和史鉴，得到了他们的响应。经过一番准备，一行人便择日启程。

农历二月初六，是一个适宜出行远游的吉日。沈周和弟弟一道，带上家童，约上好友刘珏和史鉴，一行出长洲，沿大运河乘船南下，经吴江、同里、南麻、黎里，过湖州、嘉兴、余杭，最后在运河的卖鱼桥码头上岸，到达杭州。

虽然一路比较辛苦，特别是船到嘉兴时，遭遇雨雪交加的天气，不得不停航待天晴，因此拖延了几天，但是，到了杭州后，大家都兴奋起来了。一上岸，就是被称为"十里银湖墅，有情亦有景"的运河街，真是好玩。杭州好看的地方，实在是太多，走马观花肯定不行，得静下心来慢慢地欣赏、体验。

沈周一行，边走、边看、边玩，这里虽看上去与长洲有不少地方相仿，但又各有各的特色。当他们来到西湖的东北，宝石山的美景引起了沈周的特别留意。

到了杭州后，得要去会会老友刘邦彦。沈周一行先是到了刘宅，不巧的是，刘邦彦此时不在家，沈周一行只得先在史鉴的好友家留住下来。史鉴便提议说：“我看，先去宝石山吧，那里可一览杭城和西湖全景，美不胜收。”

刘珏接着说：“这是好主意，来杭州，不登宝石山，就看不到西湖全景，更看不到城的全景。我看，就这样定吧。”

看到大家意见这么一致，沈周说：“那好，就上宝石山。其他的地方，等邦彦来了，再作安排，慢慢玩。”

登宝石山的那天，正是一个好天气。在霞光里，宝石山流光溢彩，令人目不暇接，心生欢喜。沈周一行在好友诸立夫的带领下，开始向宝石山进发。

宝石山由东向西，连绵逶迤，横亘西湖北岸。东端在断桥边戛然而止，向西则一眼望不到头。

沈周一行出了钱塘门，沿湖道向西北走去，不一会儿就到了宝石山下。

上山小路，曲径通幽，两边是茂盛的乔木和灌木丛，错落有致，意境幽深。特别是近观宝石山体，它既像玛瑙，又似碧玉，质地细密、坚硬，在阳光下，闪烁着红光，呈现出宝石般的晶莹和流霞的光彩。

沈周一行沿山路缓缓而行，一直走到传说中吴越王钱镠一脚蹬开的蹬开岭上，再向西往上走一段大约 30 米的山路，就到达了宝石山巅，即宝石山的最高峰——狮子峰（又名巾子峰、蛤蟆岭）[①]顶。

此岭顶部向外凸出，看上去十分险峻，站在峰顶上，会有一种下临万丈深渊的感觉，而眼前并无遮拦。远眺俯瞰杭城和西湖全景，这里是绝佳的观景点，颇有衔远山，吞钱江，融西湖，横无际涯，浩浩汤汤之感。同时，此景与背后蜿蜒山脊上的保俶塔、来凤亭、寿星石等景点，十分和谐地构成了一幅绝妙的山水图画。

沈周登上宝石山顶之后，久久凝视，感慨万千，展现在他眼前的，是如此雅致、和谐、静美、壮观的山水景观，让他感到震撼。

史鉴见沈周观景是一副“穆然若忘，凝然若寂”的样子，便不打搅他。史鉴心里想，也许，他在观景的此刻，正是在“与造物者往游而不息”，进行默默交流。

过了一阵子，沈周转身走了过来，对刘珏和史鉴说：“难怪白居易说‘江南忆，最忆是杭州’，今天方领略到了她的真风采。不登此山，是得不到这样的体会的。”

刘珏和史鉴都有同感，对他说：“观杭州和西湖全景，非登宝石山不可。你看，从峰顶向东眺望，保俶塔身后十万人家，勾勒出了整座城的形状。城的另一侧，是一湖碧波荡漾的湖水，四周层层叠叠的青山环绕。宝石山就像一块分界碑，既把城与湖、平原和山峦连在一起，又对各部分作了清晰的分界，且气质高贵，峥嵘嶙峋的模样，令人难忘。”

沈周听了深有感触，明白了白居易“最忆是杭州”

①《湖山便览》“巾子峰”条注：“专以突起处望之，酷如巾帻；于湖中望其全势，乃如狮子。今人复以山石磥砢，谓之蛤蟆峰，则又取其近陟之形似矣。”林逋有“巾帻峰头乌桕木，微霜未落叶子红”之句，可见其是“以突起处望之”。

的内在含义，明白了自永嘉之乱以来，从中原迁来的门阀士族，以及后来的江南文人，为什么会对杭州、对江南如此的情深意往。

原来，这山不仅仅是纯粹的山，这湖也不只是一片碧绿的水，这里还有他们的生命情怀、美学理想。

在西湖，在杭州，在江南，他们寄情于山水，让内心世界在富有隐逸色彩的乡村，在丘山溪壑，在村居野炊中，找到了弥补心灵缺憾的审美愉悦。他们追求温情脉脉的田园牧歌式的生活情调，与中国传统哲学相结合，亲近自然，达到主客体的和谐统一，在审美对象中获得灵感，力求摆脱世俗琐事的纠缠，获得“宁静致远”的人生格调，达到了心灵超然的境界。

在下山途中，沈周一行专门参观了保俶塔和寺院。当晚，寺里的方丈要留沈周一行住在寺院，一起前来的、此时意欲辞别的诸立夫，也被挽留下来。

是夜，僧房外月色溶溶，四周静悄悄。他们与方丈相谈甚欢。“更喜修公知客况，夜灯呼酒杂茶瓯。”沈周记下了当晚宾主挑灯夜话的场景，并创作了一首题为《至保叔（俶）寺》的诗：

宝石岧峣耸梵宫，古城西畔乱山东。
荧荧高叶丹林露，袅袅游丝翠壁风。
下界行人映松竹，半空飞鸟拂帘栊。
故乡迢递独登塔，烟水长洲一望中。

来到杭州第一天，就登上了宝石山，在山上看到了真实的杭城和西湖全景，这是一种何等的喜悦，又是一种何等的收获！

在沈周心中，这次是真正领略到了以杭州、西湖为代表的江南山水的深幽意境。这里是人与自然完美统一的杰作，是主客体交融的美学典范。由此，他对山水画的理解和审美艺术的表现，更上了一个境界。

第二天，刘邦彦得知神交已久的好友沈周到杭州来了，连忙赶到他的下榻处，对自己未能亲自迎接远道而来的朋友，表示万分的歉意。接下来的日子，沈周一行都是由刘邦彦陪同着游玩。

回程前，沈周一行又一次去了宝石山，上了葛岭，在初阳台上，再次观赏杭城和西湖全景，然后，去了灵隐寺、虎跑泉等西湖著名的景点。

“杭州、西湖的景，真是美不胜收啊，一时还真看不过来。”沈周在游览了杭州、西湖的美景后对刘邦彦这样说。

显然，沈周第一次杭州之行，游玩得还不是太尽兴，尽管已有一个多月了。他写下了许多的诗篇，对山水画的创作也有了许多新的体验和感悟。

怀着依依不舍的心情，沈周一行辞别杭州。

十三年后，也即明成化二十年（1484），将近耳顺之年的沈周，在画艺上已臻于炉火纯青的化境，在当时山水画派中享有崇高地位。他觉得十三年前的杭州之行，在宝石山上观山水景观的体悟，给了他一种全新的审美体验，因此他需要再来一次杭州之行，将这种审美体验再上一个新的境界。

沈周依然是把此次杭州之行的想法告诉了好友史鉴，

〔明〕沈周《浙中览胜图》卷

邀他与自己一道去。只是此时没有了好友刘珏，也没有了弟弟沈召，二人已经去世。

不过，此次杭州行，又多了一位朋友，名叫汝泰。他们约好了时间，便又来了一场杭州远游。

依然是沿着十三年前的路，沈周一行又来到了他一生钟情的杭州、西湖。同样是先去看望老友刘邦彦，并在他的安排下，下榻在他的竹东别墅。沈周就下榻刘邦彦竹东别墅专门写过一首诗，即《立夏日山中遍游后夜宿刘邦彦竹东别墅》：

乍认东庄路不真，有桥通市却无邻。
山穷借看堂中画，花尽来寻竹主人。
烂漫笺麻发新兴，留连樱笋送残春。
与君再见当经岁，分付清觞缓缓巡。

与上次不同，由于在画界已享有更高的声誉，沈周一到杭州就被崇拜者们围住，向他索画，更有不能亲自拜见他的，闻之，便寄信向他索画。

好友刘邦彦看在眼里，急在心里，连忙将他转移到灵隐寺，后又悄悄转到自己的别墅里住下。刘邦彦对此也写过一首诗，记录了这一场景：

> 送纸敲门索画频，僧楼无处避红尘。
> 东归要了南游债，须化金仙百亿身。

由于有了第一次来杭州登宝石山观全景的全新体验，他在山水画创作上，功力大增。但是，他又始终觉得上一次杭州之行，还只是表面上的观感，未能更具高度和深度地体会山水画的丰富内涵和全新意境。因此，他决定，这次要以宝石山上全新体验为基点，再沿着前辈的足迹，去富春江一带的山水意境中，寻得更开阔、更新颖的审美体验，寻得更富有创意的创作灵感。

他把想法告诉了刘邦彦、史鉴和汝泰，得到了他们的赞许。于是，在刘邦彦的安排下，几人在杭州住了一周后，便去了富春江，见到了黄公望名作《富春山居图》的实景，游览了严子陵钓台，还去了天台山，专访隋代佛教名刹国清寺。此行，更增添了沈周对江南山水美景的审美感知和体悟。

当然，这也是他一生中的最后一次远游。

辞别杭州时，他远远地眺望着矗立在西湖东北端的宝石山，心中有无限的感慨。

他一生恪守祖训，不入仕途，致力追求的是文人的那种自由自在的精神境界。然而，他的两次远游，则是寄寓了他对杭州、西湖及周边山水美景的生命情怀和美学理想。

回到长洲家中后，他依然对两次远游杭州念念不忘。后来他曾对好友说："顷年自杭游回，梦寐未尝不在紫翠间也。"

是的，杭州、西湖、宝石山、富春江……这里的山山水水，是他的钟情所在。他的笔端，他的画卷，无不深深地烙上了他的生命情感。

他在《浙中览胜图》长卷的题跋里，这样写道：

> 朝岚夕霭，靡所不经，而灵区异域，万壑千峰，目之所穷，意之所到，真有可名状。吁，天地亦广矣！虽欲谱入无声诗中，愧不能具灵心巧腕，乌可得乎！因即其游，或携笻登眺，或泛艇闲观，或郊原村落，适有一树一石可视，尽收拾笔端中，始成稿本。

一代名画家，终在杭州的山水里，特别是在宝石山的绚烂霞光中，放飞梦想，找到生命的皈依，获得了生命意义和审美理想的深刻体悟。

第四章

天竺、南屏、径山：佛境禅韵

佛国灵山最深处，如来于此建清都。
五峰拱揖环屏障，四面云霞列画图。

——白居易《游古天竺寺》

慧理和尚说这山是天竺国飞来的

孙治等撰《灵隐寺志·住持禅祖》中记载："开山慧理祖师，西天竺人，东晋咸和初来武林，见灵鹫峰，识其从天竺飞来，以呼出黑白二猿为证。建灵鹫、灵隐、灵山、灵峰诸刹，今灵隐独存。为开山始祖。"

又史载，慧理和尚由西天竺一路云游过来，于东晋咸和三年（328）①，到了武林（今杭州），听说西湖之西的武林群山颇为独特，便与随从一道走来。

来到天竺山，只见眼前群山，怪石林立，树林茂密，山岩秀丽，岫谷清幽，风景绝佳，慧理大为惊叹，对众僧道："此乃中天竺国灵鹫山之小岭，何年飞来此地耶？佛在世日，多为仙灵所隐。"

慧理为何一眼就看中了天竺山呢？

原来，这里的山，几乎就是他的出发地——天竺灵鹫山的克隆版，无论是山体模样，还是周边环境，几乎都一模一样。

他极为满意，决定在此卓锡修禅，遂对一道来的僧

①一说咸和元年（326）。

侣和随从说："此山乃天竺灵鹫山飞来所现，可大建佛寺，即成佛国圣境也。"

众僧问道："此处虽幽静，但也十分偏僻，出入不便，为何只选此处？不妨再走走，看看还有没有其他更好的地方。"

慧理答曰："汝等不知，此山有隐逸的仙灵，为佛祖所遣，须建佛寺供奉。"

说着，为印证此山确为从天竺飞来，慧理手指着南面一座怪石嶙峋的山峰，对众僧说："天竺灵鹫山一直都有两只一黑一白的猿猴，均在洞里修行。如果此山确系天竺飞来的，那么，那两只猿猴也一定会随之飞来，继续在此修行，汝等可去寻找。"

众僧不信，皆说："天竺灵鹫山离此地如此遥远，如何飞来？"

见众僧不信，慧理说："汝等随我来也。"

说毕，他飞步往南面山峰走去，拨开树木草丛，山下一处，即显一个洞口，他对着洞口大声喊道："猿儿，快出来！"

话刚落音，只见一黑一白两只猿猴即从洞里奔跑了出来，在慧理面前欢快地跳跃着。

众僧见之，深感神奇，直呼："太不可思议，太不可思议，还真是一模一样！"

然后，众僧围着慧理转了一圈，双手合十作揖说：

“真神人也！”遂把这个洞称为“呼猿洞”，把山峰称为“呼猿峰”。

慧理回谢后，指着山峰说：“既然此峰由天竺飞来，就叫‘飞来峰’吧。”并又趁热打铁地对众僧说：“汝等这下可安心在此落脚，一心一意建佛寺了。”

众僧皆赞同，表示愿意长留于此，在慧理的带领下建佛寺。

慧理指着北高峰说，要以此为倚山，临北涧，面对飞来峰，先建造一座佛寺，展现“仙灵所隐”之意，可考虑以此意为寺命名。

在一行人马安顿好后，慧理依佛历，择日开工，建佛寺。

究竟建什么样的佛寺？慧理有自己的设想。

在勘察完地形后，他就指示，寺的建造要符合佛家理念，有佛教建筑特点。他画了一张图，就主寺的位置分布进行了规划。

他对建寺的主持者说：“在此山建寺，要体现佛境。划定轴线后，前面要开阔，以耀法门，要与周边郁郁葱葱的群山浑然一体。寺前要有一泓清泉流过，以见隐逸之风，让点缀在层峦叠嶂之中的寺殿，既有佛家的庄严，又有如诗如画的山清水秀之境。进山之门，可书‘绝胜觉场’四字，以示佛法无边，佛光照耀，渡人脱离苦海，往生西方极乐世界。”

在他的关心下，主殿终于得以建成。

慧理甚喜，对主持者说：“此殿甚合吾意。其他殿的建造，也要尽快完成，连成一片，以显我佛之光。”

主殿建成后，不久又在旁边建成了翻经院，取名为“天竺翻经院”。慧理带领众僧在此翻译带来的佛教经典。

佛寺陆续建成，慧理内心喜悦，向西天三拜，说：“吾愿已成，当终生在此传播佛法。”

慧理再也没有回自己的家乡——西天竺，而是把他建寺的地方叫作天竺，周边的山叫作天竺山。

他把武林（杭州）当作了自己的家乡。

主寺建成后，慧理养了一只白猿伴随左右。

此白猿十分通人性，深得他的喜欢，白天在周边山上玩耍，活蹦乱跳，无忧无虑，夜间和着松风流水声，偶一吟啸，叩动众僧之心弦。他取笔写下“引水穿廊步，呼猿绕涧跳”的诗句，让白猿的活泼可爱存留于众僧心中。

一日，他走出天竺，来到西溪，觉得此处也应成为佛光照耀之地，于是决定在此再建一寺，并取名为“夕照庵”，作为自己晚年的退隐之地。

不知不觉，从故乡天竺来到武林天竺，也有些年头了，慧理发现自己的身体也大不如以前，自感来日无多。在夕照庵住了一段时间后，他觉得这里湿气重，便打算去天竺调理一番，并为自己在天竺圆寂选一处佳地。

离开夕照庵后，他回到天竺山，在飞来峰前，吩咐僧众在龙泓洞内进行布置，将此作为自己圆寂之地。

《冷泉猿啸》（出自《海内奇观》）

从此，他再也没有出来，在洞内打坐、面壁、口诵佛经，日复一日，年复一年，终是涅槃。

为纪念灵隐寺的这位开山之祖，众僧便将他的骨灰埋于洞口岩下。后人在上面建一座六面七层石塔，由下至上逐级收分，呈楼阁式，高8米余，取名为“理公之塔”，又名灵鹫塔。石塔素朴无华，但也十分醒目，别具一格。

天竺佛国建成之后，作为主殿的灵隐寺，乃成朝拜圣地。

《武林西湖高僧事略》在“晋三藏理法师”条下，大赞灵隐寺，曰：

一峰飞来，自西而东。
师亦戾止，爰指其踪。
呼猿洞冷，宴坐岩空。
花开花落，几度春风。

唐中宗景龙年间（707—710），宋之问被贬为越州长史，离京赴任经过杭州，他特意去游了一趟灵隐寺，并创作了一首题为《灵隐寺》的诗：

鹫岭郁岧峣，龙宫锁寂寥。
楼观沧海日，门对浙江潮。
桂子月中落，天香云外飘。
扪萝登塔远，刳木取泉遥。
霜薄花更发，冰轻叶未凋。
夙龄尚遐异，搜对涤烦嚣。
待入天台路，看余度石桥。

灵隐寺的大好风光，跃然于诗的字里行间，难怪后来杭州的两位太守白居易和苏东坡，在游天竺佛国后，也是诗兴大发，挥毫写诗赋文。

白居易赋诗曰："一山门作两山门，两寺原从一寺分。东涧水流西涧水，南山云起北山云。前台花发后台见，上界钟声下界闻。"又云："地是佛国土，人非俗交亲。"

苏东坡赋诗："灵隐前，天竺后，两涧春淙一灵鹫……"又赋曰：

香山居士留遗迹，天竺禅师有故家。
空咏连珠吟叠壁，已亡飞鸟失惊蛇。
林深野桂寒无子，雨浥山姜病有花。
四十七年真一梦，天涯流落泪横斜。

两位太守用优雅的文字，写尽天竺佛国的绝美之韵。

慧理创建的天竺佛国，为后人在灵竺一带广建寺庙打下了基础，更让后人从中获得佛理的启悟和指引。

同是出生在天竺的，相传活了千岁的宝掌禅师，在得知慧理来震旦（中国）武林，建天竺佛国的事迹之后，决意追随先辈足迹，于隋开皇十七年（597），来到杭州天竺山，见到先辈所建的已成规模的天竺佛国，大呼："真我天竺佛国也！"

说着，就坐在一块巨大的岩石上，对众人说起佛法来，一讲就是大半天，还意犹未尽。众人说："何不在此建佛寺呢？"

宝掌禅师答曰："此正合吾意！"

说着，他指着巨石前的一块开阔的平整地说："寺就建在此！"并吩咐众僧："汝等明日便可行动起来。"

于是，在他的带领下，开始建造中天竺寺，后来被称为法净寺。

沿着慧理、宝掌的足迹，高僧道翊于五代后晋天福四年（939）来到天竺一带，在参访灵隐寺、中天竺寺之后，也决意要在天竺的另一高处建一寺，专为看经之用，并供观音大士，传播佛法，布道人间。他在上天竺所建的寺，被称为上天竺寺，也即后来的法喜寺，成为我国白衣观音的起源地。

慧理和尚独具慧眼，让天竺山与佛成缘，成就了天竺佛国，也造就了武林佛教的辉煌。

钱弘俶要留住南屏山的美丽夕照

南屏山在杭城之南，也即西湖南岸，山峰耸秀，丛林繁茂，怪石嶙峋，横坡棱壁，像一道屏障，挡住了南面吹来的潮湿之风，故杭城百姓将其称为南屏山。

笃信佛教的吴越国王钱弘俶，选择在南屏山建佛寺，是有一番认真考量的。

在他看来，在这里建一座佛寺，保佑杭城，保佑百姓，普惠天下，是一件功德无量的事。

后周显德元年（954），钱弘俶对众臣说："南屏山建佛寺，可取号为'慧日永明院'。"早在寺院建成之前，钱弘俶就将远在衢州的道潜禅师，请入王府，为王府中士大夫传授菩萨戒，还发给他月俸，以表供养。

慧日永明院建成后，钱弘俶请他居之，仍由他开坛主讲菩萨戒，并重新赐号"慈化定慧禅师"。

由此，道潜禅师成为南屏山慧日峰下永明院，也即后来改名为净慈寺的开山祖师。

道潜是蒲津（今山西永济）人，俗姓武，长相容姿端雅，身长七尺，胸前有黑子七点，状如北斗，乡人皆称奇，谓之“非常人也”。他早年就在中条山栖岩大通禅院从真寂禅师落发出家。真寂禅师圆寂后，他任住持。平时讷于言，敏于行，持戒精严，尽心尽力，将禅院管理得井井有条。

一日，他入雁门，到五台山去取经，修持法眼宗。此宗为禅宗五家之一，创始人文益禅师，余杭人，集禅、律各宗，融云门、曹洞禅法，自成“家风”，著有《宗门十规论》。文益圆寂后，南唐中主李璟追谥他为大法眼禅师，其所立宗派，被称为“法眼宗”。

传说道潜居五台山，戒行清净，心诚意真，多次感动文殊菩萨而显圣，并在此开悟入道。一日，文益禅师予以印可，并道：“子向后有五百毳徒，为王侯所重也。”

道潜双手合十致谢，随即礼辞，云游四方。后驻锡于衢州古寺，研读大藏经，开讲菩萨戒。吴越国王钱弘俶闻之，格外重视，请其入王府，予以重用。

从衢州来到杭州，道潜奉吴越国王之命，在王府设坛，开讲菩萨戒，官员均奉命前来听讲，后入寺院，场面更大，前来参学的僧徒众多，常在五百人以上。杭城百姓闻之，也纷纷前去参拜，一时间，南屏山一带热闹起来。

道潜对吴越国王选定南屏山建永明院，十分满意，他对随从说：“此处位于西湖之南，林木茂盛，阳光充足，阳气颇旺，永明院将永盛也。”

他指着南屏山的慧日峰说：“汝等可见，无论日光从哪里照射过来，慧日峰都是金光灿烂。”接着，他又说："汝等再看，金光照射在永明院寺顶，整座院如同披上了佛光袈裟一般，亦是金光闪闪，真可谓永明也。"

众等皆称是，且又问之："如何是永明之意？"

道潜回答道："南屏山之慧日峰照，为外射之光也，照入永明院内，使之生辉，为内发之光也，如今日十五、明朝十六一般。"

众等又问："如何是慧日祥光？又凭什么可心外有法去也？"

道潜答曰："首先是要做到心内无法，且永怀报慈之心，方可永受慧日祥光，亦是永明。"

众等皆服，认为道潜道行极高。从他的讲授中获知，只有内心永明，才会让内心充满喜悦。

后周显德二年（955），道潜向吴越国王钱弘俶提出将放在地宫内的金铜罗汉十六尊，移置新建的永明院供养。钱弘俶听后，说："好啊！我昨晚正梦见十六尊者要求随禅师入寺，真可谓灵验也。"于是，又在他的封号前加"应真"二字。寺中所建罗汉殿，亦称应真殿。

道潜禅师于北宋建隆二年（961）圆寂。钱弘俶接着又从灵隐寺请来延寿禅师，由他住持慧日永明院。

与道潜一样，延寿禅师研习修持的也是法眼宗。他任永明院住持，长达十五年之久，有弟子一千七百余人。

一日傍晚，延寿禅师在寺的周边散步，顿觉南屏山佛缘很深，尤其是山体由西湖往钱塘江延伸，颇有纵深感。

虽不高，但整座山树林茂密，高大的树倒映在西湖水面，就像一幅禅意深幽的水墨画。尤其是在夕阳照耀下，层林尽染，像披上了一件袈裟，让坐落在山中的永明院，像是沐浴在佛光之中。

他不由想起自己曾经写的一首诗来：

孤猿叫落中岩月，野客吟残半夜灯。
此境此时谁得意，白云深处坐禅僧。

诗中，深藏他内心深处的禅意，跃然在字里行间。佛家所强调的“悟”，即知佛，贯穿在心神会外物的悟道全过程之中。孤猿的叫声，在空谷中回荡，凝聚着心神的全部力量。月落西沉，消失在岩石间。夜已深，可是野客似乎还在半夜灯下，苦读？参禅？悟道？此景，此意，就是此时南屏山的画境，从中传达出来的，是禅的最高意境。他知道，只有全身心参悟，方能从中悟得奥妙。

在南屏山，延寿禅师把文益禅师的“不着他求，尽由心造”学说，发挥到了极致。他在《宗镜录》一书中，博引教乘，提出“举一心为宗，照万法如镜”和“禅净双修”“禅教统一”的主张，在佛界产生了广泛的影响。

到永明院拜佛、听佛经讲座的信徒也越来越多了，现有的寺庙场所已经不够用。于是，在延寿禅师的主持下，开始在寺内建造东西两阁，广集各宗精通教义的徒众，研讨佛学。后著《宗镜录》百卷，共八十余万字，可谓洋洋大观，为佛典之集大成者，置于东西两阁，供众信徒研习。

永明院的演法堂，是《宗镜录》定稿处，故演法堂亦称“宗镜堂”。延寿禅师也被称为禅宗法眼宗第三祖、净土宗第六祖，又被视为“弥勒菩萨化身”，威望极高。

远在朝鲜半岛的高丽国王，得知延寿禅师《宗镜录》成稿，非常高兴，特遣使臣送来礼品，并派国僧三十六人，千里迢迢，来杭州求法。

由此，法眼宗开始传布到国外，影响力日增。

永明院的建立，不仅使南屏山成为繁华西湖南岸的标志性场所，也为西湖增添了一道亮丽的风景。

钱弘俶看在眼里，喜在心里。

一日，他亲临永明院，发现南屏山对面的夕照山在晚霞的映照下，闪烁着七彩佛光，心里又是一阵欢喜。

不久，他又得一子，大喜也。他决定，在南屏山对面的夕照山上，再建一座塔，让佛光永照吴越，保吴越永世平安。

遵照吴越国王的指令，工匠们不久就在夕照山上开工建塔了。

塔建成后，取名为皇妃塔①。

北宋开宝三年（970），奉吴越国王之命，延寿禅师又在月轮山上建造六和塔，以镇钱江潮。六和塔巍然江边，又成西湖一大景观。

作为佛界领袖人物，延寿禅师圆寂后，宋太祖追谥他为“智觉禅师”，后人也因永明院之名，尊称他为“永

①皇妃塔，又名西关砖塔，古时多讹称黄妃塔，因建在夕照山的雷峰之上，又称雷峰塔。

〔宋〕叶肖岩《西湖十景图·南屏晚钟》

明禅师”。

南宋建炎二年（1128），永明院改称净慈禅寺。

南屏山，连同那些久远的历史故事，历经千百年，依然静静矗立在西湖边。

径山禅悟让陆羽发现茶与禅奥秘

从小在寺庙长大的陆羽，虽然不太愿意像出家人那样，整天打坐念经，但因从小耳濡目染，他幼小的心灵里也种下了禅的种子。同时，由于天性聪颖，活泼好动，喜欢吟诗读书，世间的许多事情及所蕴含的许多道理，只要有人一点拨，他往往能触类旁通，举一反三，获得心得体会，形成自己的独特认知。

成年后，陆羽对茶产生了强烈的兴趣。

在他看来，一片刚刚长出来的嫩芽，用水一泡，就如此清香、醇厚、甘洌，颇为神奇。其形，可赏，赏心悦目；其香，可闻，沁人心脾；其味，可品，齿颊留香。

他决意要对茶进行一番认真的研究，找到其中的奥秘。

他开始心无旁骛地研究起茶来，周游各地，实地考察茶和茶事。

他先是去了巴蜀、秦川一带，后来来到江南水乡，一路上山采茶，逢泉品水，口不停问，笔不停记，搜集

〔元〕赵原《陆羽烹茶图》

了大量的第一手有关茶、茶事、茶俗的资料。

陆羽早就听说江南一带的茶，别有风味，自然想要细细考察一番。

他记得，小时候收留自己的竟陵龙盖寺住持僧智积禅师，就常常给他讲禅和茶的故事，很有意思。后来他知道余杭径山一带，出品禅茶，于是一路奔来，在径山旁的苕溪之滨，住了下来，准备对径山，对径山的禅、径山的茶进行一番综合考察。

径山，为天目山山脉的东南余脉，最高海拔 769 米，主要有凌霄峰、鹏抟峰、朝阳峰、大人峰、晏坐峰、堆珠峰、御爱峰等七座山峰，其中，凌霄峰为最高峰。

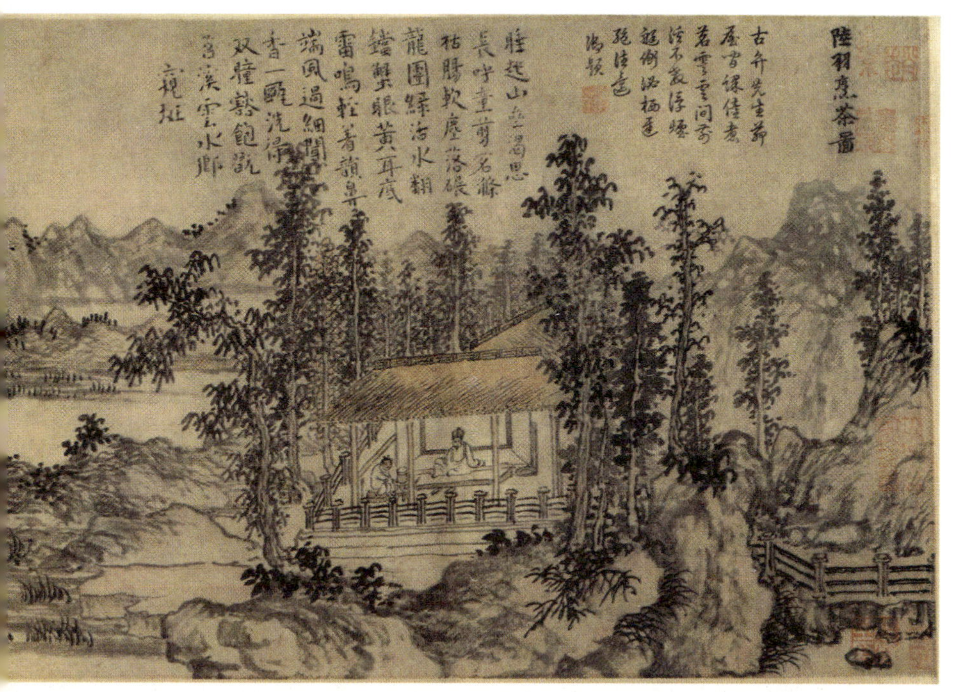

径山山顶古树参天，遮天蔽日，好不幽凉。举目远望，四周美景，尽收眼底。山体青绿，一派郁郁葱葱，生机勃勃。

历代文人骚客来到径山，对山景都赞不绝口。

宋代大文豪苏东坡诗云“众峰来自天目山，势若骏马奔平川”，展示了其壮阔的气派。元末明初楚石梵琦禅师描写出其“下方凤舞千山去，绝顶龙分两道来”的绝美风采。明代四大高僧之一紫柏真可大师登上径山后，不禁大赞曰“双径萦回云雾深，五峰盘踞星辰簇”，道出了其内在的韵味。

来到径山后，陆羽找来一些资料，了解当地的风土人情，又结交当地的高僧名流，对江南、对杭州、对径山，

径山茶基地

开始有了一个整体的印象。

一日，趁着清晨的凉爽，陆羽登上径山山顶，发现此处古松苍柏，柳杉银杏，枝繁叶茂。凉风习习吹来，顿时令他感到一阵清爽。远眺四周，只见群山环抱，峻峰峭立，树木茂盛密密丛丛，竹林汇如绿海涛涛，山下河溪，宛如一条伸向远方的玉带，一路向东流去，好一幅壮丽山河图画也。

陆羽走到一块石头边，坐了下来，朝着径山寺望去，只见云朵不时飘过，阳光照耀着寺顶，整个寺院沐浴其中，披金溢彩，十分庄严、神圣，不愧是一幅绝妙的禅意图。

他早已从史书和与高僧的交往中，得知径山寺颇有些来历。说是唐天宝四载（745），法钦禅师来到径山，登上山顶之后，见此山风景绝佳，便结草为庵，修行传法，勤行精进，后引来众信徒纷纷上山求法，香火甚旺，径山寺因此名声远扬。

陆羽见此秀丽风光，心下欢喜，决定在径山长住下来，细细探究。他清晰地记得，小时候，智积禅师就跟他讲过禅宗初祖达摩与茶的故事。

相传，立誓要面壁修炼九年的禅宗初祖达摩，有一次在面壁时，竟睡着了。醒后，他十分懊恼，恨自己不能专心修行，便割下自己的眼皮，扔在地上。结果，出人意料的是，被扔在地上的眼皮，竟长出一棵茶树来。

达摩觉得很有意思，于是，他摘取最嫩的茶叶，放在杯子里，用热水冲泡着喝。只见碧绿的嫩茶，经热水泡后，先是浮在杯中水上，然后，竟一片片竖立起来，再接着一片片直立翻滚，最后慢慢沉了下去。达摩拿起杯子闻了闻，一股茶香扑面而来，沁人心脾，他直呼一声："好香啊！"接着，他喝了一口，更是气爽神怡，精神一振，睡意顿无。他一边喝，一边说道："茶的确是个好东西，清香、爽口、提神，可让人专心打坐、面壁、悟道！"由此，达摩禅师全身心投入打坐修禅，最终完成了他早先的誓言，十年面壁，修成正果，创立禅宗。

修成正果，成为禅宗初祖后，达摩禅师规定，众信徒打坐入定，诵经念佛，面壁悟道之前，均可先饮茶，解渴提神，振奋精神，然后专心致志从事佛事活动。

此后，饮茶逐渐成为佛门之风尚，寺庙之僧人皆劈山植茶，供日常饮用。

回想到此，坐在山顶大石上的陆羽，似乎一下子明白了什么。在他看来，茶与禅之间肯定有着密切的关系。究竟是一种什么关系，这是他写《茶经》要探讨的问题。

他抬起头，又向寺庙望去，只见祥云下的寺庙顶上，依然是佛光闪耀。霎时间，他觉得有一种神秘的声音，在召唤着他，催促着他，要他排除万难去完成一项神圣的使命。

下山的路上，陆羽看到了相传为法钦禅师亲手种植的茶树，已蔓延至整个山谷。一到采茶的季节，僧侣们就会成群结队地到山谷里采茶。

他在茶树中穿行，一边走，一边观察，发现径山虽不高，但树密林深，环境清幽，脚下的土地松软，说明此地常年雨露充沛，因此茶的质地非常好。在寺庙歇脚时，他与僧人交谈，得知他们常年饮茶参禅，且以茶待客，有一整套饮茶的礼仪，客人多时会举办“茶宴”，也有“斗茶”，宾主盘膝打坐，饮茶论经，参禅悟道。一些僧人还喜欢将茶叶磨成粉状，用开水冲饮，后被称为“点茶法”。[①]

最终，陆羽选择在离径山不远的苕溪畔住了下来，并在双溪村建了一座苕溪草堂。

苕溪发源于天目山，流经余杭等地，汇入太湖，距虎跑、龙井、玉泉等甘泉不远，实在是个烹茶煮泉的好地方，结庐于此是个很好的选择。

陆羽隐居径山，在考察茶事的同时，也广泛与高僧、道士、名流交往畅谈，从中获得道与茶相通性的体悟。法钦禅师、灵一住持、天台道士潘志清，以及襄阳朱放、南阳张继、安定皇甫曾、范阳张南史、吴郡陆迅、东海徐嶷等，都是他经常往来的好友。同时陆羽也着手撰写《茶经》。

①径山的饮茶礼仪，后被日本僧人传承并发展成为日本茶道。

一次，陆羽去拜访法钦禅师，两人一见如故，焚香品茗，对坐论道。

他尝到了法钦禅师亲自烹制的径山茶，而法钦禅师对他“逢山下马采茶，遇泉下鞍取水”的传奇经历，也颇有兴致。陆羽与法钦禅师喝着茶，只见照在寺庙金顶上的日光折射在杯中，不仅茶杯被染镀上一层金色，杯中的茶，也变得金光灿烂了。

陆羽对法钦禅师道：“禅师，这杯中的茶，金光灿灿，您说，是茶，还是禅？”

法钦禅师笑着说：“佛者，静也。参禅、悟道，需要的都是心静如水。同理，茶者，与水融合，需要的也是静心，心不静者饮茶，终不知茶之味也，故参禅与品茶，

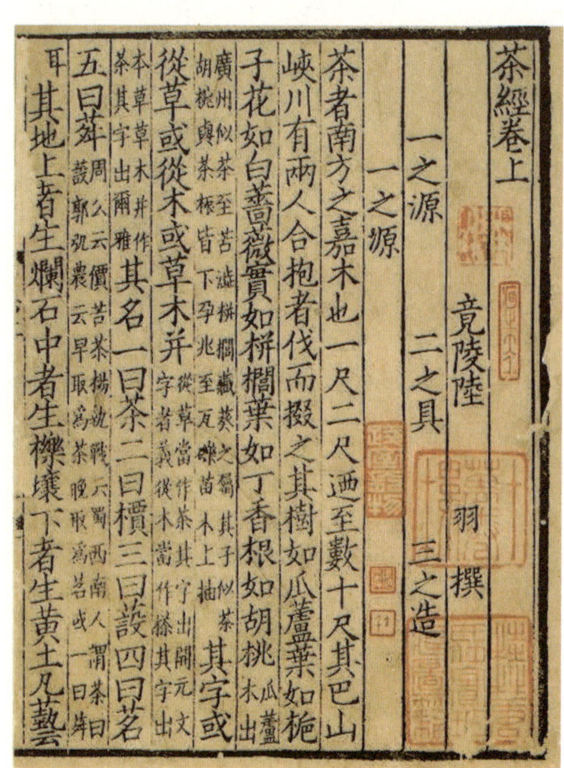
茶經卷上

竟陵陸羽撰

一之源 二之具 三之造

一之源

茶者南方之嘉木也一尺二尺迺至數十尺其巴山峽川有兩人合抱者伐而掇之其樹如瓜蘆葉如梔子花如白薔薇實如栟櫚葉如丁香根如胡桃瓜蘆木出廣州似茶至苦澀栟櫚蒲葵之屬其子似茶胡桃與茶根皆下孕兆至瓦礫苗木上抽其字或從草或從木或草木并從草當作茶其字出開元文字音義從木當作梌其字出本草草木并作茶其字出爾雅其名一曰茶二曰檟三曰蔎四曰茗五曰荈周公云檟苦茶揚執戟云蜀西南人謂茶曰蔎郭弘農云早取爲茶晚取爲茗或一曰荈耳其地上者生爛石中者生櫟壤下者生黃土凡藝

陆羽《茶经》书影

均要知其味，二者同一理也。”

陆羽回道：“是也，禅道所要求的‘戒、定、慧’，都是以静为基础的，讲求静的功效。茶道亦是。要真知茶之味，不仅仅是讲求口舌之感受，关键还要讲求入心，讲求心的感受，而这都要以静为基础。人人都说‘茶禅一味’，禅与茶的意境，都是‘静心’，二者具有相通性。”

法钦禅师说：“所言极是！修行而饮茶，饮茶为修行，二者是相通的。”

说着，二人举起茶杯，将杯中余茶一饮而尽。

在陆羽看来，佛说“四大皆空”“世事皆无”，说的是对人的生、老、病、死，怨憎会、爱别离、求不得等苦的放下和超越。佛并不在高高的山顶，也不在宏伟的庙宇，而在人心，正所谓：“我心即我佛。”而茶道则与此有着相同或相似的道理。品茶的过程，先是苦涩，徐徐饮之，慢慢就有一种甘甜之味，能够让心静下来。佛讲究的是在安静环境中入定，而饮茶，求的是在静心中知味。所谓“一茶一坐”，追求的就是一个“静”字。佛推崇顿悟，刹那即悟，而在悟之前，则有一个长时间的参道的过程，这样才能明心见性，才能有顿悟时刻的到来。饮茶，使人慢慢入静，手定，茶杯温热，茶汤不泄，茶香聚散，沁人心脾。佛说一切皆空，追求的是心中无一物，何处惹尘埃。茶道亦如此，心中无事方为静，手上无事是为闲。品茶之过程，便是人生最为休闲之时。放下一切世事，方能喝出茶的真味。

终于，在绵绵径山的丘谷间，陆羽悟出了禅与茶的道理，发现了禅与茶的奥秘。

隐居苕溪的日子，他开始动笔写《茶经》。

清晨，当一轮红日升至径山山顶时，在茅庐里，陆羽整理茶和茶事资料，已有多时了。他推开窗户，伸伸腰，向光而立，深深地吸一口气，享受着自山谷飘来的清新空气，接着，喝一口沏好的茶，继续精神饱满地撰写《茶经》。

正午，日头高照，暑气上升之时，他收起书稿，走向茅庐旁的竹林，选一块石头坐下，一手执书经，一手拿茶杯，面对径山，徐徐品之，心静自然凉，好不自在。

傍晚，灿烂的晚霞，铺满西天，映照在庐舍上空，金色的霞光，更是让他感到心静如水。他收起一天写好的书稿，面对霞光，闭上双目，静静地迎接接着到来的漫漫暗夜。而逢阴雨天，他便会在茅庐里，点香盘坐，让思绪自由徜徉，也让深藏在心底的茶的记忆，得以激活。

《茶经》完成后，陆羽一度离开径山，到了长安，但他自由自在的性格，使他在长安无法安身立命。最终，他还是回到了径山，回到他的苕溪草堂，因为那才是他灵魂栖居的地方。

陆羽的《茶经》，不仅仅是一部记录、反映茶和茶事的著作，而且是一部蕴含着博大精深茶文化的不朽著作。他对茶的源流、茶的内涵、茶的意蕴及茶艺茶文化的诠释，让茶代表了一种人的性情，使饮茶成为人的一种生活方式，尤其是日渐成为国饮，成为中华文化的一个鲜明标识。

正是这样，这个其貌不扬的弃儿，在径山、在苕溪，找到了归宿，找到了用武之地。由于他的执着，他的坚定，他的辛劳，他的贡献，陆羽被后人誉为“茶仙”，尊为“茶圣”，祀为“茶神”。

第五章

玉皇山、凤凰山、皋亭山：境幽意深

处于东海，望丘山，其光载出载入，是惟日次。

——佚名《山海经》

玉皇山凤凰山是王母娘娘的玉龙与金凤

在西湖南部的群山中，玉皇和凤凰二山，两峰相峙，巍峨挺拔，远远望去，如舞动的巨龙、飞翔的金凤，英姿舒展。

登上两山峰顶，远眺湖山，水天浩瀚，十分辽阔，境界高远，民间称其中的玉皇山为西湖群山的“万山之祖”。南宋地理学家王象之在《舆地纪胜》中，特意引用两晋时代方士郭璞《地记》中的诗句，赞美玉皇和凤凰二山：

天目山垂两乳长，龙飞凤舞到钱唐。

郭璞如此赞美玉皇和凤凰二山，是因为这是他一路南下来到杭州后最为钟情的两座山。有人问他：“为何如此喜爱？”他答道：“西湖是王母娘娘最珍爱的一颗宝珠，不慎滑落到人间，怕有所闪失，王母娘娘特派一条玉龙和一只金凤下凡，驻守于此，守护这颗宝珠。玉皇山是玉龙，凤凰山是金凤，是二者的化身，是灵山、仙山也。”

时人听之，既惊奇，也佩服，皆向着玉皇和凤凰二山，合十作揖，顶礼膜拜。

郭璞说玉皇和凤凰二山是来守护西湖这颗王母娘娘遗落的宝珠，并非他个人杜撰出来的。他一路采风而来，从种种民间传说中获知此说。

一路往南行游，郭璞来到杭州，一看到玉皇和凤凰二山，就觉得与众山不同。他指着其中的玉皇山对众人说："尤其此山，有种仙气、灵气，乃仙人常聚之山也。"

他还说，他曾遇见过仙人，与仙人一道聚会，好不快活，并得到仙人指点。在《游仙诗（其八）》中，他描绘了这种场景：

旸谷吐灵曜，扶桑森千丈。
朱霞升东山，朝日何晃朗。
回风流曲棂，幽室发逸响。
悠然心永怀，眇尔自遐想。
仰思举云翼，延首矫玉掌。
啸傲遗世罗，纵情任独往。
明道虽若昧，其中有妙象。
希贤宜励德，羡鱼当结网。

在他眼中，玉皇和凤凰二山，不仅景色秀丽，且有隐逸之玄机，特别是玉皇山。依他的经历，一眼就看出玉皇山当是仙人常来聚集的地方。如他在《游仙诗（其三）》中描绘仙人居处和生活情态那样："翡翠戏兰苕，容色更相鲜。绿萝结高林，蒙笼盖一山。……赤松林上游，驾鸿乘紫烟。左挹浮丘袖，右拍洪崖肩……"

游历到杭州，郭璞决定先上玉皇山，绕山且行且观，整体把握山势，了解山体山形，登上山顶，再眺望山的周围，将个中的奥秘弄个明白。

他一路且行且看，细细勘察。登上山顶后，呈现在他眼前的是浩瀚的江天、开阔的湖山，境界十分幽远。他情不自禁地说道："此山真乃西湖群山之祖也！"

玉皇山，原名龙山，因为远眺此山，如巨龙横卧，由此得名。玉皇山雄伟峻拔，气度非凡。尤其是天空风起云涌，或钱塘江涌潮之时，伫立山巅，时见云雾飘然而来，飞渡而去，湖山空阔，江天浩瀚，敦厚浑然，气象万千。与凤凰山首尾相连，山峦起伏，一气呵成，龙飞凤舞，气势磅礴。

玉皇飞云

郭璞一路登上山顶，沿途只见玉皇山峰峦俊秀，山中有诸多奇石异洞，竹树交翠，灌木丛生，苍苍茂盛，一派生机勃勃之气象。不论从哪个方向上山，山路均围绕在绿树翠竹之中，岚气成云，幽深静谧，境界非凡。

他掐指一算，然后指着山顶上的一块平地，对随从说："可在此地开凿一口井，将来在此建道观可用。"

随从开始并不以为然，对他说："如此高的山顶，凿井如何会有水呢？"

郭璞笑而不语，缓步走上去，用手杖指着一个点说："就在此开凿！"

在他的指导下，众人开始凿井。

当凿到三尺时，只见一股清泉涌出，郭璞双手捧着涌出的井水，喝了一口，说："真甜啊！"

井凿好后，郭璞为它取名为"还丹井"，并请石匠刻上"还丹井"三个大字。

郭璞对众人说："此井水是王母娘娘所赐，故甘甜无比。"

民间早就有传说，说的是晋初的裴姥，常年在玉皇山上采百花酿酒，施给"凡士之贫者"。有一天，忽然来了三位善饮者，"饮酒数斗不醉"，他们对裴姥说："余非常士，姥当仙去，故来相命。"

说罢，一人从袖中取出数粒仙丹赠予裴姥。结果，"姥饵之，忽不知所在"。众人皆说，裴姥是遇到仙人，随仙人升天去了。

由此，玉皇山成为道教求仙之地。

《玉皇山庙志》记载，在唐朝，曾有位常上山采松花的老人，就在玉皇山上遇见一位老道，上前询问，老道回答说：“我乃特朝三清道祖也。”话毕，便腾空而去，须臾不见踪影。

一时间，民间对此传得沸沸扬扬，更添玉皇山的神秘色彩。

不久，有道士在山上建起了道院，取名为“玉龙道院”，供奉三清道主。后引得吕洞宾的向往，他曾云游玉皇山，在此修道，度化世人。下山前，吕洞宾曾题诗一首：

七宝庄严五色丹，六通四达出尘埃。
个中滋味神仙喻，遇有缘人笑口开。

五代时期，名道刘海蟾闻玉皇山云雾缭绕，仙气氤氲，是个非常好的修炼之处，便沿着当年郭璞的足迹，上山寻得一绝壁处，面壁打坐九年，终得道成仙。

成仙时，他为世人留下四句偈语：

参出真空不夜天，娘是我来我是娘。
无为一体主人公，玄妙消息永无穷。

南宋时期，玉皇山的名气越来越大。道人白玉蟾也沿着前辈的足迹来到玉皇山布道，并受到宋理宗的重视，特派大内主管到道院，并在道院中炼丹，求长生不老之法。

明代名道张三丰，早就闻玉皇山之大名，特意来到杭州，来到玉皇山，在山脚下过起隐居生活，每天都不忘前去玉皇山修道。

明正德年间（1506—1521），道人罗普仁久闻玉皇山大名，专程进山修行，后被敕封为“无为宗师”。在玉皇山修道期间，他扩建了玉龙道院，并改名为“福星道院”，又称“福星观”，主殿供奉玉皇大帝，由此更让玉皇山名扬天下。

带有神秘色彩的玉皇山，就这样吸引了许多名道来此修道。它和凤凰山本身就充满着传说色彩，历史上种种传说故事，更使其有着道不尽、探不完的无穷奥秘和丰富内涵。

赵构一眼就相中凤凰山为皇山和皇城地

北宋靖康二年（1127），钦宗赵桓正式投降金国，而宋徽宗第九子康王赵构，则于同年四月二十一日，带领一班人马从济州（今山东巨野）出发，四月二十四日到了南京应天府（今河南商丘）。此时，此地还在大宋手中，在徽宗、钦宗二帝及众皇室人员均被金兵掳走的情况下，一班大臣就选择在这个“龙兴之地”，拥年方二十一的赵构为新皇帝。

五月初一日，赵构正式登基，为宋高宗，年号“建炎”，为南宋之始。

金人得知，大怒，发誓要灭宋。

完颜阿骨打四子完颜宗弼（金兀朮），以破靖康之势，率金兵南下。赵构带着新朝廷，沿京杭运河一路南下，经扬州、镇江、苏州等地，在建炎三年（1129）到了大运河的南终端——被称为“东南第一州”的杭州。

然而，赵构在杭州依然未真正安稳。金兵不时来犯，赵构一度带领人马被迫离开杭州，到越州（今绍兴）、明州（今宁波）、定海（今镇海）、温州，甚至漂泊在海上躲避。直到建炎四年（1130）夏，金兵撤离江南后，赵构才回到杭州。

一路奔波南下，到杭州之后，赵构总算喘了一口气。一是人称“人间天堂”的杭州，湖光山色的美景，消除了他一路的疲惫；二是有韩世忠、张俊、岳飞三名大将奋力抗击，保住了南方的大片地区，一时还算较为平安稳定；三是与建康（今江苏南京）、苏州等地相比，杭州地处后方，周边一带水网密布交错，对骑兵活动不利，这些天然的屏障，让他颇有一些安全感。更何况富庶的江南，历来都是赋税重地。因此，在诸臣和将领的拥戴下，他觉得，是该考虑在杭州驻扎下来了。

南宋建炎三年（1129），赵构升杭州为临安府。又于绍兴元年（1131），诏令浙江转运副使徐康国，筹划建皇宫之事。当时的杭州，经隋唐、吴越国、北宋近六百年的发展，已是繁华的都市。

南宋绍兴八年（1138）三月二日，赵构下了一道给各路宣抚使、制置使和地方官员的诏书，正式定临安府为行都。诏曰：

> 昔在光武之兴，虽定都于洛，而车驾往反，见于前史者非一，用能奋扬英威，递行天讨，上继隆汉，朕甚慕之！……比者巡幸建康，抚绥淮甸，既已申固边圉，奖率六军，是故复还临安，内修政事，缮治甲兵，以定基业。

然而，皇城究竟建在哪儿呢？他一时并没有想好，于是，先派人四处勘察选址。

一日，臣下向他报告，凤凰山乃是建皇城、皇宫的

西眺凤凰山

绝佳之地。一是这里曾是有几百年历史的隋唐州治、吴越王宫和本朝州治所在地，周边有历代所建亭台楼阁，甚是繁华；二是这里的地势格局是群山怀抱，而且“下瞰大江，直望海门”，占据柳浦渡口及附近的制高点，扼两浙之咽喉，可守可退，既宜居养生，又可以遇事就近泊船，航渡而行。

赵构听后，大喜，决定亲自去看看，便率一班人马，浩浩荡荡上了凤凰山。艺术素养极好的赵构，登山一看，果然不凡，一眼相中。

凤凰山虽不高，主峰海拔只有 178 米，但形若飞凤，风景隽秀，环境幽静。登上山顶，可瞰西湖，览钱江。且山体奇石嶙峋，万壑松涛，翠绿青青，尤其是与西湖群山相连，与玉皇山相对，形成重峦叠嶂，颇有统领群山之势，且构成了一道绿色屏障。再往南望去，钱塘江宛如一条长龙，横穿东西，又如一条弯弯的银带，嵌在大地上，滔滔波浪，滚滚向前，奔向大海。如此，可谓是山水俱全，风景颇佳，难怪隋唐时就在此肇建州治，吴越国设杭州为国都，也在此筑子城。

凤凰山是秀美而神奇的。

赵构对在凤凰山建皇宫、皇城，十分满意。他对诸臣说："此地甚好，乃皇山也，皇宫可建于此。"随后，便下达了建皇宫、修皇城的诏令。

在杭州建皇宫、皇城，不像在开封城是建造在平原上。凤凰山不是一个方正平整的矩形，而是一个西高东低、面积不大又不开阔、不规则的空间，这就需要依据山体形状和地理特征来进行设计。

基于此，赵构对建造皇宫、皇城有自己的主张。

他对负责建造的工部大臣提出，在凤凰山建皇城、皇宫，不能像在汴梁那样，将皇宫置于城的中轴线上，周边再散布民居，但一定要在保证皇室成员安全的基础上，将皇宫、皇城沿山体自然走向建造，既不破坏山体自然之状，又要保证皇宫的威严和壮观。因为这是在特殊时期建造皇宫、皇城，必须以安全、稳妥为最高要求。

秉赵构诏令，工部忙碌起来了。凤凰山一带方圆九里，被定为皇家禁地，各地召集来的工匠会聚于此，开始大兴土木。

按照设计，整个皇宫宫墙高约三丈。相对开封皇宫、皇城来说，此处受地理空间限制，宫殿不能造得太大，许多宫殿也是多用的，但在当时已是极尽豪华，蔚为壮观，并在布局上开创了"南宫北市"之先河，为杭州城的拓展留下极大空间。

从南宋绍兴八年(1138)始,至绍兴二十八年(1158),前后二十年间,凤凰山禁城内,先后共建起大殿十三座,以堂、阁、斋、楼命名的建筑四十余座,亭台六十四座[①]。后又扩建宫城。据《万历钱塘县志》载,南宋大内有“殿三十、堂三十三、斋四、楼七、阁二十、合六、轩一、阁六、观一、亭九十”。此外,还有华美的御苑,直达凤凰山巅。依据赵构的艺术爱好,皇城内特意设计仿造了“小西湖”,有“六桥”“飞来峰”等仿制景点。

一座东起馒头山东麓,西至凤凰山麓,南临宋城路,北至万松岭路南,方圆九里的璀璨华丽的皇城,巍然屹立在凤凰山下。

赵构对此十分喜欢,毕竟一路的奔波,几经周折,这下总算是安定下来了。在《渔父词(其一)》中,他曾写道:

一湖春水夜来生,几叠春山远更横。
烟艇小,钓丝轻,赢得闲中万古名。

这一阕意境十分悠远的小词,写于绍兴元年(1131)在会稽时,如今他置身于凤凰山皇城皇宫中,眺望西湖群山,但觉此时心境恰如彼时。一夜之间,湖中涨满了春水,青山重重叠叠,烟波之上一叶扁舟,轻丝垂钓。在他看来,这才是生命的真谛、生命的永恒。

能实际上定都杭州,不再漂泊动荡,赵构已心满意足,毕竟有了属于自己的皇宫、皇城,尽管偏安一隅,但也足以让大宋有一大块地方得以安放,算是对得起列祖列宗,没有让大宋亡在自己手中。

其实,他本来并没想当皇帝,而是钟情于艺术,曾

①《杭州简史》第五章《都城纪胜》,杭州出版社,2016年,第104页。

多次对臣下说自己“有意沙鸥伴我眠”，“但愿尊中酒不空”。这下可好，杭州美丽的湖光山色，凤凰山幽静的皇城皇宫，足可满足他的内心向往，也激发了他的艺术创作灵感。

赵构精于书法，善真、行、草书，风格潇洒、飘逸，笔法婉丽、洒脱、流畅，颇得六朝美学之神韵。当是凤凰山给了他审美的灵感，连绵起伏、绿色环抱的幽静青山，让他能够沉下心来。有时，他到宫外，在凤凰山间道上，慢悠悠地行走，专心揣摩构思艺术作品，寻找笔墨丹青中的艺术之韵，收获生命意义的美学体悟。

也许是久居凤凰山，赵构的艺术创作达到一种新的

凤岭松涛

高度，可谓炉火纯青，而他的理论思考也颇有深度，所著《翰墨志》已成为书法理论精品和传世之作。

绍兴三十二年（1162），赵构称年事已高，不再过问朝政，遂禅位于皇太子赵昚。他要把晚年的美好时间，尽可能地多留一点给自己，以便在艺术的天地里，获得更多的审美慰藉，这也是生命的一种延伸和拓展，毕竟艺术给他带来了许多的美好和愉悦。

深居凤凰山皇宫，赵构并不感到寂寞。他虽然再也回不去老家，回不到汴梁那曾经辉煌的宫殿，但亲自选定杭州为临安府，选定凤凰山为皇山和皇城地，保住了大宋的半壁江山，这让他感到心安。

想到此，他望了望郁郁葱葱的凤凰山，深吸了一口似是从山谷里飘来的、带有香气的清新空气，感到格外精神。

他吩咐左右，准备好纸墨，他要亲手书写杜甫的七律《即事》，此即《暮春三月诗帖》。诗曰：

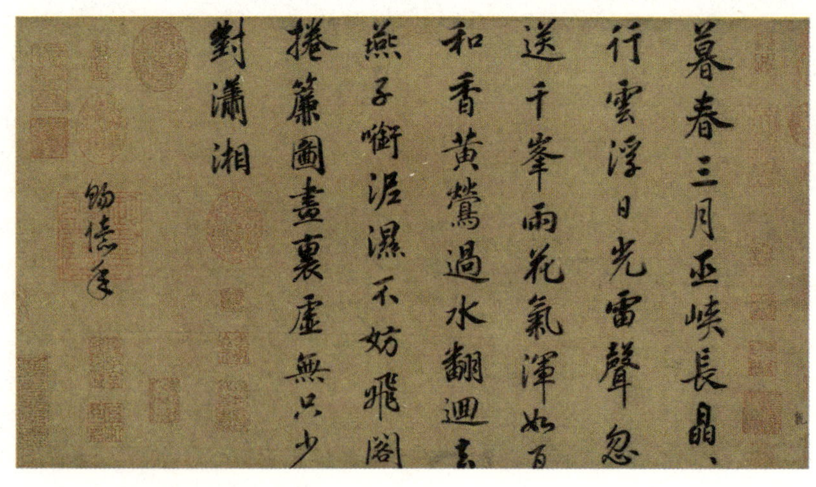

宋高宗赵构行楷《暮春三月诗帖》

暮春三月巫峡长，皛皛行云浮日光。
雷声忽送千峰雨，花气浑如百和香。
黄莺过水翻回去，燕子衔泥湿不妨。
飞阁卷帘图画里，虚无只少对潇湘。

赵构默诵着杜诗，全神贯注地书写，一气呵成，浑然天成。该帖以中锋书写，字体匀称，章法疏朗，典雅圆润，墨色统一，自然流畅，洒脱婉丽，潇洒飘逸，颇有神韵，令人赏心悦目。

如果说杜甫的诗意境如画，那么赵构的书写则是笔墨洗练，二者相得益彰。

后来，元末明初陶宗仪在《书史会要》中评价道：高宗"善真、行、草书，天纵其能，无不造妙"。

于是，这部书法作品，与他草书的《洛神赋》一样，皆成为传世之墨宝。

深居凤凰山皇宫，年事已高的赵构，想到自己少年时就醉心于书法，即位后，便下令收集整理因战乱而流失的法帖和名画。在他看来，书法乃华夏文化之形，一笔一画深蕴着华夏文明密码，当要全民研习书法，传承和光大华夏传统。他还嘱咐新皇："全民研习书法之事，不可废也。"

赵构喜爱艺术，南宋初年，南北众多艺术家便会聚杭州，在南宋画院中任职，像李唐，便是开启南宋山水画风的重要人物。在他之后，南宋画院的三大山水画家刘松年、马远、夏圭，都是以擅画西湖风光而闻名，他们正是南宋画院培养出来的本地画家。

南宋淳熙十四年（1187），赵构崩于德寿宫，享年八十一，是历史上少有的高寿皇帝。《宋史》曰：“高宗恭俭仁厚，以之继体守文则有余，以之拨乱反正则非其才也。”

钟灵毓秀的凤凰山，作为皇山，为皇城、皇宫所在地，可谓境幽宫深，成就的是南宋皇朝在杭州的百余年历史。从某种意义上来说，也成就了南宋美学的经典地位，因为它本身就是一部厚重的史书。

文天祥在皋亭山
掷地有声地与元相抗论

宋恭帝德祐二年（1276）正月，江南的冬天虽然温度上没有北方低，但由于湿度大，水汽重，让人感到格外地寒冷。尤其是北方人初到江南，对这种湿冷的天气，一时难以忍受。

正月十八日，元军已经到了南宋都城临安（今杭州）外围，在皋亭山停了下来，说是要与宋相谈判。其实，元军一路南下，无论是士兵，还是马匹，都需要休整一下，以为后续攻城做好准备，或者说，也是为了在谈判桌上获得更多的筹码。

连绵起伏的皋亭山，位于杭城东北部，呈东西走向，与半山、黄鹤山、元宝山、桐扣山、佛日山等连贯，其中，皋亭山为最高峰，故诸峰也统称皋亭山。整座山气度恢宏、十分壮观，像一条卧龙横贯，为杭城形成一道天然的防御屏障，成为东北方向进城的一个缓冲地带。

据专家考证，大约在距今2.5亿年前后的印支构造期，就形成了“半山—皋亭山褶皱区”；晚更新世时，如今的杭城地区还是一片汪洋大海，皋亭山就已兀立海上，算是杭州最古老的山之一了。

在皋亭山南麓的皋城遗址中，曾出土过良渚文化的凿、刀、犁等石器和陶鼎足等文物。在有关皋亭山的传说中，先是有秦始皇南巡到此，下令开“秦河”[①]，以便秦军水陆并进，扩大疆土，实现天下一统。后有宋高宗曾在此避难遇险，得半山百姓冒死相救，从而重整旗鼓，大败金兵，获得全胜，最后决定迁都杭州的一段佳话。还有吴越王钱镠也曾在此领军抗敌，修筑十里石城，后被称为“钱王城寨”。吴越立国后，历代国王先后在此山大建庙宇，使之成为守护杭城之重地。无论是传说，还是真实的历史，都使皋亭山充满传奇。

元军在皋亭山驻扎下来。对于久居北方的将领士兵来说，尽管天气阴冷，但还是有士兵跑到山里去溜达。在他们眼中，这里的一切都充满了新奇。

他们发现这座连绵十里的山，与北方那种不长树木的山很不同，虽是隆冬季节，但还是高林茂密，灌木丛生，尤其是一些冬青树，仍是一片绿油油的生机，给寒冷中的人带来一些勃勃生气。

忽然，一个士兵发现了一条上山小道，兴奋地招呼伙伴：“快来呀，这里有一条上山的路，可以直达山顶。”

后面的士兵听到招呼，连忙小跑过来，跟着领头的上了山顶。

一到山顶，他们发现，这里的视野极为开阔，可将整座杭城尽收眼底，江、河、湖、海、溪等水系，如条条丝带一般，在冬日暖阳的照耀下，向远方蜿蜒伸展，真是好一幅山河美景图啊！

从未到过江南，没有见过江南美景的元军士兵，在

①即今上塘河。

山顶上发呆了许久。领头的那位看到同伴们如此陶醉，大喝一声：“别发呆了，山顶上还有亭子呢，快到亭子那边看看！”

话音刚落，几个发呆的士兵，猛然惊醒，看到领头的已朝山顶亭子走去，他们也赶紧跟上。

山顶的那座亭子，是历代用来祭神的，祭的是皋亭神。

“皋”，本意是指水边的高地；“亭”是有顶无墙，

皋亭

供休息用的建筑物。其实，皋亭山之名，原本就源自皋亭神。皋亭神是皋亭山上古族群崇拜的主神。

史载，唐长庆三年（823）七月，杭州久旱不雨，大地干裂，严重影响农作物生长和城里百姓生活，时任杭州刺史的白居易决定率众官员一道出城，前往皋亭山祭神，昭告于皋亭神庙，并作《祝皋亭神文》。

在皋亭山祭神祈雨的传统，一直延续下来。由于多次祷雨灵验，南宋皇帝还特意给皋亭神封侯加爵，并扩建不少神庙。

当然，皋亭山的传奇，元军士兵一无所知，他们只是觉得新奇、好玩、有趣。见天色逐渐暗了下来，领头的士兵对同伴们说："不早了，要下山了，回去禀报首领。"

带领元军南下的首领，是元相伯颜（又译巴延）。此人智略过人，用兵筹谋，出神入化，深受元世祖忽必烈赏识，并娶中书右丞相安童的妹妹为妻，官拜光禄大夫、中书左丞相、同知枢密院事。他对汉文化十分爱好，通晓汉语，善作诗文，是蒙古族中较早学习汉文，并能用汉文熟练创作的诗人。此次他任元军南下首领，兵分三路攻宋，其中一路由他亲自带领，直到兵临临安府的皋亭山下。

伯颜听了手下士兵对皋亭山美景绘声绘色的描绘，更觉要将此处大好河山收于囊中。

此时，对于偏安一隅的南宋而言，已到了生死存亡之际。

其实，早在德祐元年（1275）三月，元军已占领了建康（今江苏南京），进围扬州。十一月九日，伯颜率二十万军分三路南下，约期会师于临安。

在元军重兵压境下，守城，则是战；求和，则是降。如何抉择，对于上位不久且年幼的宋恭帝赵㬎而言，真是一件难事。

降的话，将丢失大宋的大好河山，失去一切。当时，已有人在劝皇上、皇太后降元，以免皇室遭遇战争之苦。皇帝年幼无知，谢太皇太后虽垂帘听政，但并无实权，也无力掌管和调动军队。她知道此次难以撑过去，故主张先保全性命，避免被屠城。于是，她急下《哀痛诏》，说继君年幼，自己年迈，国家告急，望各地文臣武将、豪杰义士，团结一致，行动起来，拯救国家，朝廷将不吝赏功赐爵。

此时，任赣州知州的文天祥，听到诏书，泪流满面，随即征募义勇之士，并捐出全部家财作为军费，同时，把母亲等家人送到弟弟处赡养，自己披上绣有"拼命文天祥"五字的战袍，发誓为国而战。在他的感召下，赣州、吉州的豪杰义士与山民组成三万抗元义军。

危难之际，一些官员打起了自己的小算盘，投降元军的也不少。当时友人极力劝文天祥："今大兵三道鼓行，破郊畿，薄内地，君以乌合万余赴之，是何异驱群羊而搏猛虎。"

文天祥答曰："吾亦知其然也。第国家养育臣庶三百余年，一旦有急，征天下兵，无一人一骑入关者，吾深恨于此。故不自量力，而以身徇之。庶天下忠臣义士将有闻风而起者。义胜者谋立，人众者功济，如此则社稷犹可保也。"

不久，文天祥接到朝廷征召专令："疾速起发勤王义士，前赴行在。"到临安后，他即向朝廷提出了抗元主张和方案，奏曰："宜分天下为四镇，建都督统御于其中。"遗憾的是，他的建议并未被朝廷采纳。

德祐二年（1276）初，形势越来越严峻了，到正月十九日早朝时，不少官员都不去上朝了，有的甚至偷偷投降元军。谢太皇太后不得已即晋升文天祥为右丞相兼枢密使、都督诸路军马，但却不赞同他积极抗元的主张。文天祥极力说服谢太皇太后，自告奋勇地说可亲自前往元军营，与他们抗论辩理，争取和平退兵。

受命后，文天祥带上随从，先是上早朝，辞相印而不拜，并向宋恭帝、谢太皇太后汇报了自己的想法，然后正式辞行。

第二天清晨，天边已露出稀薄而泛白的晨光，而刚要露面的太阳，很快就被层层乌云掩盖。文天祥起来，推开窗户，一股寒风吹来，窗外万木凋零，寒气逼人，一片肃杀之气。

用完早餐后，他以资政殿学士身份，带着随从一行，来到皋亭山下元军大营。元兵通报之后，得到许可，文天祥抬头挺胸进入了元军的中军帐营。

文天祥虽从未去过皋亭山，但他知道此山许多的传说故事，汉代"丁兰刻木事母"[①]的故事就发生在此，还有"桐扣石鼓"[②]的传奇。宋臣苏轼游览此山，曾赋诗云："佛日知何处，皋亭有路通。钟闻四十里，门对两三峰。"他至今还能背诵出来。他还知道，高宗南渡时，曾宿山中龙居寺。此山可谓集天地之灵气，山川秀美，人文深厚。定都临安后，还在此山建了班荆馆，用以接

①"丁兰刻木事母"是中国古代"二十四孝"中的一个故事。讲的是丁兰幼年丧父母，未得奉养，因念劬劳之恩，刻木为母像，事之如生。《梦粱录》中记载："丁兰母冢，故居在艮山门外三十六里丁桥之右。母死，刻木事之如生，冢在姥山之东。"

②相传西晋武帝时，皋亭山东南一座小山滑坡露出了一只古老的石鼓，但敲击无声。帝司马炎便问撰写《博物志》的张华，张华答曰："可将蜀中的桐木刻为鱼形，扣之则鸣矣。"如其言而为之，果然敲响了石鼓，且声闻数里。从此以后，"桐（木）扣（响）石鼓"传为千古奇谈。

待国宾。大好山川如今被元军占领，他心中有一种说不出的苦楚。

到了元营，接待文天祥的正是元军首领、元相伯颜。他在帐中坐着，见文天祥进来，只是微微欠身，算是尽了一点礼仪，然后用手一指，示意文天祥可以坐下。

双方坐下后，伯颜问："公此次来我中军，是来谈降将之事？"

文天祥立即予以严厉驳斥，答曰："我奉吾皇之令，衣冠礼乐来贵军中，非来谈降将之事，而是来谈退兵之事。"

接着，他又说："贵军不请而来吾国，想夺吾国之领土，想毁我大宋之社稷吗？"

伯颜狡黠一笑，并不立刻回答。

文天祥接着慷慨陈词："宋承帝王正统，非辽金比。今北朝将欲为与国乎？将毁其宗社乎？若以为与国，则宜退兵平江或嘉兴，然后议岁币与金帛犒师。天祥躬督所议，悉输军前，北朝完师以还。此为不战而全胜，策之上也。若欲毁其宗社，则两淮、两浙、闽广尚多未下，穷兵取之，利钝未可知。假能尽取，豪杰并起，兵连祸结，必自此始。"①

用现代的话说，即我大宋是正统帝国，也是正统中华文化代表，不是辽或金国能相比的。如果你们元军退兵至平江或嘉兴等地，我大宋愿成为你们的藩邦，再商议每年向你北朝进贡金银帛缎。如果能这样，对于你北朝来说，不战而克获全胜，此乃上策也。若想推翻我大宋，

①刘岳申：《文丞相传》，载《文山先生全集》卷十九《附录》，《四部丛刊》本。

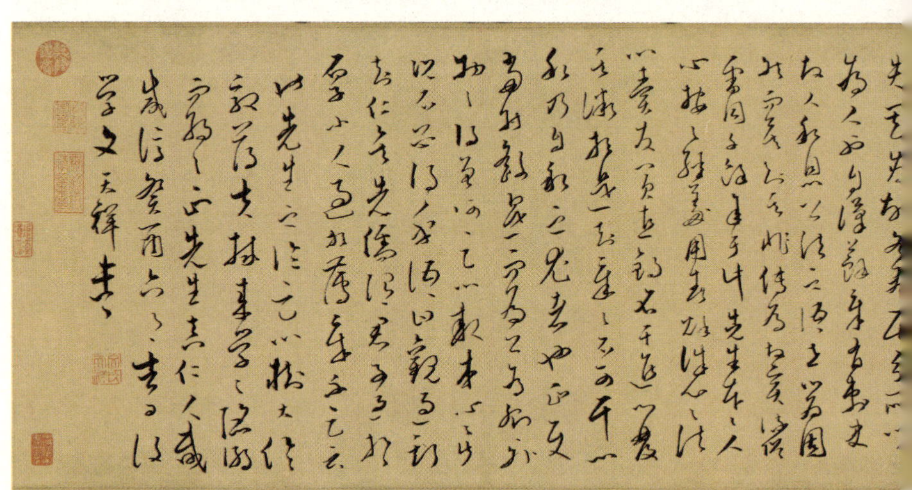

〔宋〕文天祥草书《谢昌元座右自警辞》卷　书于咸淳九年（1273），此卷因文天祥的“孤忠完节”而被视为“天球河图”

取而代之，那么，我大宋今仍据有两淮、两浙、闽广等大部分地方，胜负尚不得而知。假若灭了我大宋，各地豪杰揭竿而起，也会对你们的统治带来无穷的后患。

接着，他又严正告诉伯颜：“我虽受命为右丞相，但不敢拜。”他的意思很明确，此次来元军营中，并不能代替宰相议投降之事，而只是约伯颜与宋前丞相陈宜

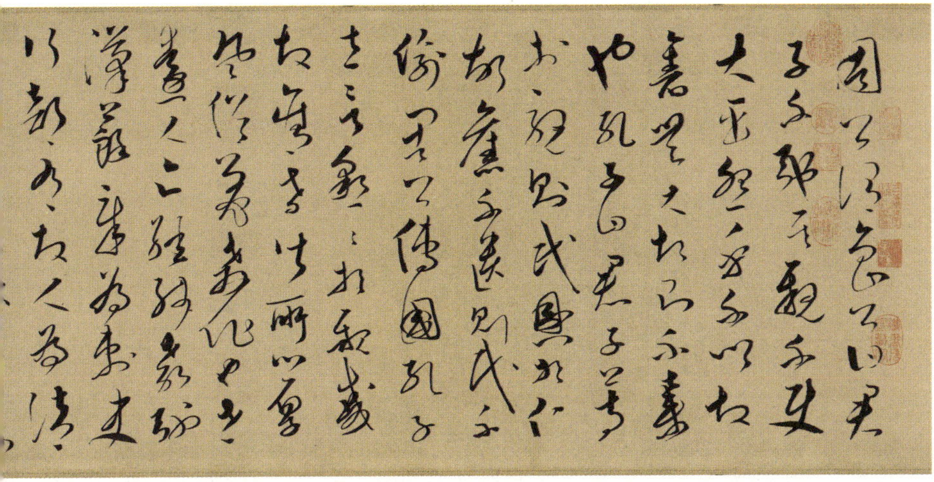

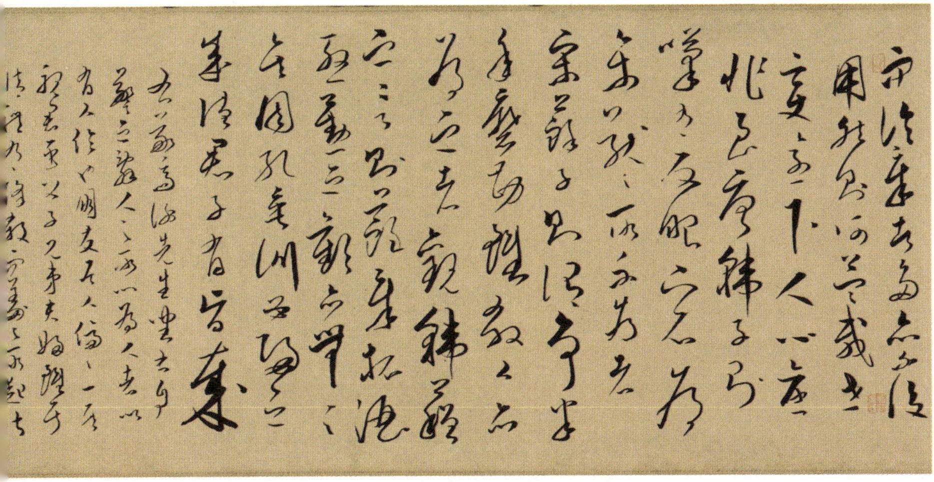

中会面于长安镇，特将元相所说投降之事撇开。

伯颜听后，心想：我元大军已至临安城下，你所谓的大宋还有多少谈判筹码？更何况依我所掌握的情况，你大宋已有不少官员投降了，你所说的前丞相陈宜中都已出走，回温州老家了，你还想和谈什么？

为了不至于一下子造成气氛紧张，狡猾的伯颜为取得宋廷不战而降的目的，假装一笑，对文天祥说："我奉元祖之令，来谈降将之事，吾军并不想开杀戒，故在此停留。如降，社稷必不动，百姓必不杀。"

文天祥直斥元朝失信，立刻回应道："尔前后约吾使，多失信。今两国丞相亲定盟好，宜退兵平江或嘉兴，俟讲解之说达北朝，看区处如何，却续议之。"

伯颜一听，心想好一个缓兵之计，刚要作答，未料文天祥紧接着说："能如予说，两国成好，幸甚；不然，南北兵祸未已，非尔利也。"

伯颜听后不悦，威胁说："我杀了你，又怎样呢？"

却见文天祥无一丝恐惧，大义凛然说道："我乃大宋状元丞相，宋国在，有文天祥；若宋亡，我与之俱亡。今天所欠国家的，只是一死，以报国恩。以死威胁，非我所惧也！"

文天祥视死如归，一身正气，压制了元相伯颜。

自南下以来，伯颜已见许多宋朝官员和将领的软骨头，而今见到文天祥铮铮铁骨，置生死于度外，顿时心生敬意。在座的元军众将领见状，也私下表示钦佩，称文天祥"真丈夫也"。

伯颜既惧且怒，不顾历来两军交战不斩或不扣来使的传统，当晚即扣留并囚禁了文天祥，又假惺惺地说："君勿怒，汝为宋室大臣，责任非轻，此来既是好意，今日之事，正当与我共之，愿为数日之留。"

然而，令文天祥想不到的是，谢太皇太后不久就携幼帝赵㬎，率群臣向元相献城投降了。

文天祥闻之，仰天长叹，欲哭无泪。

元军将领张弘范前去劝降，对他说："大宋已亡，你为宋国也算尽忠了。如果你改弦易辙，以对宋国的忠心来为大元做事，元廷丞相这个位置，非你莫属了。"

文天祥呵斥道："国亡不能救，为人臣者死有余罪，况敢逃其死而贰其心乎！"张弘范又劝："国亡矣，即死谁复书之？"文天祥道："商亡而夷齐不食周粟，亦自尽其心耳，岂论书与不书？"[①]表明了他坚决不降，对国家一片忠心的立场。

皋亭山见证了文天祥与伯颜的抗论，书写了历史厚重的一页。

文天祥被囚禁后，在押解进京途中设法逃脱，但后来再次被俘，仍然是誓死不降，留下"人生自古谁无死，留取丹心照汗青"的千古名句。

皋亭山自宋以来就有"皋亭观桃"的习俗。宋高宗有诗云："皋亭山下旧桃源，刘阮忘归我也然。循辇有香春草细，翩翩清兴若登仙。"每当春暖之时，灿若云锦，红遍皋亭山的桃花，竞相盛开，延绵数里，蔚为壮观。这当是对文天祥当年不畏强敌，保持气节，在此与元相抗论这一历史定格的最美纪念。

①刘岳申：《文丞相传》，载《文山先生全集》卷十九《附录》，《四部丛刊》本。

第六章

三江：文化摇篮

三江即入，震泽底定。筱簜既敷，厥草惟夭，厥木惟乔。……沿于江海，达于淮泗。

——佚名《尚书·禹贡》

钱江潮水震天下　伍子胥被拜为“潮神”

钱塘江是浙江的母亲河。从源头一路下来，弯弯曲曲，起起伏伏，古人多称其为“折”，意为一路曲折而奔向东海。“折”通“浙”，全称即“浙江”，又名“折江”“之江”“罗刹江”等等。

一般来说，钱塘江上游多称为新安江；流经桐庐、富阳的中游段，通常称为富春江；而下游流经杭州段，通常称为钱塘江。富春江与钱塘江分段处，又有浦阳江汇合，通称为三江或三江口、三江汇。

作为母亲河，钱塘江的流经区域是“两浙”（“浙东”和“浙西”）文化的发祥地，也是传统“吴”（吴国、吴文化）和“越”（越国、越文化）的分界线。此地文化底蕴深厚，形态多样，历史悠久，源远流长。

钱塘江一路来到东海，其入海口恰好呈喇叭状，外口大，内口小。值大潮之际，在天体引力和地球自转的离心作用下，即月球和太阳的引潮力的合力与推力下，海洋与江水会发生周期性涨落的潮汐现象。

一般情况下，每逢农历八月十八，涌潮最大。潮来时，声如雷鸣，势如万马奔腾，又如冰雪崩塌，排山倒海，大量潮水不断涌入变浅的河道，潮头受阻，而后面急速而来的潮水，又汹涌澎湃，快速推进，进而一浪推一浪，向内河进发，最终形成蔚为壮观的天下奇潮——“钱江潮”，又称“浙江潮”，被誉为“天下第一潮”。

不过，在古代，人们并没搞清楚钱塘江为何有这样的大潮，以为是有一种超于自然的神秘力量在左右潮水，发出如此大的威力，以显示其巨无霸的地位。因此，在民间，能够与钱塘江大潮相比拟的，或者说敢于弄潮的人，也即“弄潮儿”，往往是受到尊敬和推崇的。

话说的是春秋战国时期，楚国人伍子胥，其父伍奢和兄长伍尚，因被小人谗害，结果为楚平王所杀。于是，伍子胥被迫逃离楚国，来到吴国，投奔公子光门下，后助公子光杀了吴王僚，夺得王位，是为吴王阖闾，伍子胥因此受到重用。他向吴王献计献策，劝吴王“立城郭，设守备，实仓廪，治兵库”，提出了一整套的治国理政方略，深得吴王信任。在吴王支持下，他建阖闾大城，为吴国首都。为助吴国强盛，伍子胥又大力兴建水利，开挖运河，一来有利于农业灌溉，二来有利于将来进军楚国，利用水路运兵。他主持开挖的运河，被称为“胥江”。

吴越争霸时，吴王阖闾在与越王勾践的作战中受伤，后不治，不久去世。临终前，他嘱咐儿子夫差：“不要忘记报杀父之仇。伍子胥跟随我多年，助我吴国强盛，国之大事，当多问问他，征求他的意见。”儿子满口答应。

接着，阖闾又召伍子胥进宫，正式托他辅佐儿子夫差，并封他为相国公。

阖闾去世后，夫差成为新吴王。在伍子胥辅助下，吴国大举进攻越国，大胜，勾践宣布投降，对吴王俯首称臣，并送上越国美女，示和归顺。夫差十分得意。

不过，勾践所作所为，没能蒙蔽伍子胥。他向吴王献计："此时当乘胜追击，一举灭掉越国，否则日后必致大患！"并献上"联齐灭越"的计策，表示愿意充当使者说服齐王出兵助吴灭越。

然而，被胜利冲昏头脑的夫差，并没有采纳伍子胥的建议，而是听了太宰嚭之言，明确反对灭越，反要攻打齐国，派伍子胥出使齐国。

伍子胥知道内幕之后，仰天长叹，曰："我命休矣！"

儿子见状，问父亲何故。

伍子胥临行前对儿子说："我多次劝吴王乘胜灭越，以绝后患，一统吴越，成就千秋霸业。可是，吴王不听，反而轻信谗言，要加害于我。现在看来，吴国末日也快要到了。"

顿了顿，伍子胥又对儿子说："我已经与在齐国的朋友鲍牧说了，将你托付给他，你离开吴国，去齐国找他吧。"

伍子胥自齐返回后，伯嚭乘机向吴王夫差进谗言，说："伍子胥怨望已深，恐将成为大祸，希望王早做打算。"

夫差听了道："没有你说的这些，我也早就怀疑他了。"遂派人送去一把长剑，赐伍子胥自刎。

"唉！谗臣伯嚭作乱，大王反而要杀我！"伍子胥长叹道，“请将我的话转告给我王，说我助你的父亲成就大业。在你还未被立为太子之时，几位公子争立太子，我与先王冒死力争，才使你最终成为吴王。你被立为太子后，曾说要将吴国分一半给我，但我根本没有那种愿望，只想吴国在你的带领下成为强盛之国。可是，如今你竟听信谄谀之臣的谗言而杀害我这个长辈。吴国将毁在你手中啊！”

愤恨之余，伍子胥留下遗言，嘱咐家人在他死后，把他的眼睛挖出，挂在阖闾城东门上，说他要亲眼看着越国军队攻入，灭掉吴国！

夫差得知后大为震怒，下令用鸱夷革裹了伍子胥尸体抛入钱塘江。

而越王勾践自上次败给吴国后，立志报仇雪恨，卧薪尝胆，十年后一举进攻吴国，大败吴军。

吴国果然被灭。

此时，夫差羞于在阴间见到伍子胥，乃用白布蒙住双眼后，举剑自尽。

滔滔钱塘江，见证了伍子胥的遭遇，也见证了他的智慧和勇气、谋略和忠烈。尤其是生活在钱塘江边的人，十分敬佩伍子胥，认为他是智慧和勇敢过人的英雄，便尊他为“潮神”，并留下许多关于他的传说。

相传一日，有人在观潮时，突然看见潮水高有数百尺，声音又如同风雷大作，此时隐隐约约可以看到有一人素车白马在潮头中勇敢行进，与大潮共舞。人们都认为，那一定是伍子胥。

后来每年八月中旬潮水最大的时候，当地百姓就要请乐工奏乐，大家一起载歌载舞，同时将猪、羊、酒等抛入江中，以祭奠伍子胥，并在沿江一带建祠祭拜。

还有传云，一日，一位在钱塘江打鱼的船工，刚把船靠岸拴好，突然，一阵大潮涌来，只见伍子胥腾云驾雾，出现在大潮之上，朝着吴王夫差的宫殿飞去。

吴王见状，十分害怕，赶紧逃往姑苏台避难。此时，百姓见状，纷纷拍手叫好，都说伍子胥已成神，便奉他为“海潮王”，专门司掌钱塘江大潮。

然而，东海龙王得知伍子胥被尊为“潮神”，十分不高兴，认为是抢了他的地盘和香火。

于是，龙王择机派兵前来钱塘江，要把伍子胥驱逐出去。

不过，已成为“潮神”的伍子胥，本就足智多谋，善于兵略。他与龙王的虾兵蟹将在钱塘江口大斗了数个回合，龙王的兵统统不是他的对手，很快就败下阵来。

回到东海龙宫之后，龙王想了良久，觉得与伍子胥来硬的，似乎不怎么奏效，应该换一种方式来钳制他。龙王想了想，决定先在钱塘江沿岸修建九座龙王庙，把伍子胥的势头压一压，再伺机把他消灭。

可是，龙王这一招，很快就被伍子胥识破了。伍子胥随机应变，在龙王建好的九座龙王庙附近，又修了九座海神庙，龙王的计划便落空了。

龙王这下子真拿伍子胥没辙了，垂头丧气地靠在龙

潮神伍子胥塑像

王椅上。

这时，龟丞相见状，赶紧献上一计，说："何不请吴王来帮忙呢？毕竟伍子胥曾是他的臣子，吴王对他应是知根知底的。"

龙王一听，觉得这是一个好办法，连忙下令龟丞相去办。

很快，龟丞相找到吴王，说："伍子胥原是你的臣下，现在他被拜为钱塘江'潮神'，且与龙王作对，龙王派我来让你去降服他，给你一个展示王威的机会。"

吴王听到龙王如此看重他，就答应立刻出马捉拿伍子胥。

八月十八日，潮水最大的那天中午，吴王调集三十万大军集结在钱塘江边，列队沿江大堤上，延绵数十里，每位士兵都手持弓箭，一齐瞄准即将到来的大潮。吴王下令，只要见到伍子胥驾潮而来，就万箭齐发，一定要射倒他。

不多时，伍子胥刚从江底随潮上来，只见沿江岸上全是密密麻麻全副武装的士兵，知道大事不好，连忙驾着潮水，退回到江心，沉到江底躲避。

伍子胥明白，虽是吴王领军捉拿他，但背后一定是龙王的主意。好汉不吃眼前亏，他一直蛰伏江底，等待机会，一举取胜。

伍子胥沉在江底。日子久了，吴王的士兵被拖得有些疲倦，开始放松警惕。

吴王和龙王也觉得伍子胥真的是害怕了，钱塘江上风平浪静，一切都是静悄悄的。吴王跟龙王说："我的兵不能在这里长期驻守，不然，我的城就无人守了。如果齐国、楚国此时出兵攻吴，我就只能做亡国奴了。"

龙王见状，也无奈，只好同意吴王撤兵。

到九月初，龙王觉得是时候派虾兵蟹将们去收复伍子胥占领的地盘了。

谁知，龙王刚刚来到龙王庙，伍子胥突然从江底一跃而出，操纵着潮水，把龙王庙团团包围，只见一阵阵滔天的巨浪，将九座龙王庙瞬间冲垮，连龙王塑像也被冲成一堆烂泥，而百姓的一间房、一亩田，都没被淹。百姓个个拍手叫好，都说“伍子胥的大水冲了龙王庙”。一时间，龙王被伍子胥弄得晕头转向，虾兵蟹将们更是像无头苍蝇一样，乱了阵脚，六神无主，毫无办法。

龙王气得直跺脚，但也无可奈何，只得与伍子胥谈判，划定江海界限，大家井水不犯河水。龙王依然负责东海，伍子胥继续在钱塘江当他的“潮神”。

后来，他勇敢的弄潮事迹越传越神。久而久之，在钱塘江祭拜“潮神”成为传统，并被传承、延续下来，更形成了观潮、弄潮、祭神的民俗。历来参与祭祀及作祭文的国君、文臣，达数百人之多。宋代范仲淹在《和运使舍人观潮二首》其一中，就有“伍胥神不泯，凭此发威名”的句子。历代文人墨客依据传统，对“潮神”伍子胥的传说不断地丰富、扩充，使之成为钱塘江流域极具地域特色的文化，成为钱塘江儿女敢于弄潮、敢为天下先的一种精神象征。

宋代文人潘阆曾填有一阕《酒泉子》词：

长忆观潮，满郭人争江上望。来疑沧海尽成空，万面鼓声中。　弄潮儿向涛头立，手把红旗旗不湿。别来几向梦中看，梦觉尚心寒。

词中描写了钱塘江儿女弄潮的壮观场面，同时，也以磅礴的气势和细腻的笔触，展示出钱江潮涌的壮美风光和文化风采。

无疑，钱塘江的潮水本身就是一道壮观的风景，具有极其深厚的文化内涵。民间流传的吴越王钱镠射潮的故事，也充满了传奇的文化色彩。

钱王治理杭州时，百姓多次向他反映钱塘江的海堤修不好，民间流传有“黄河日修一斗金，钱江日修一斗银”的说法。钱镠听了，十分忧虑。

一日，他亲自率部考察钱塘江海塘，只见大潮来时，一下子就把刚修好的海塘冲垮了。手下负责修海塘的官员趁机向他报告说：“大王，听说江里有一个怪神，总是与我们作对，时常来捣乱。我们刚修好堤塘，它就来破坏，把海塘毁掉，就是不让我们定稳。”

钱镠说：“我就不信这怪神，敢在我面前作怪！今天，我一定要制服它！”随之取笔写了两句：“为报潮神并水府，钱塘且借与钱城。”然后，把这两句话扔进了江中，以告示江中怪神。

可是，江中怪神依然我行我素，钱镠发誓一定要捉拿它。

到了八月十八潮水最大的这一天，钱镠调集了万名弓箭手，在江边搭起一座大王台，当江中怪神凶猛地向海塘扑过来时，钱镠下令：“放箭！”并亲自射出了第一箭。

弓箭手们立刻万箭齐射，逼得江中怪神不敢向海塘

钱江潮水

这边冲来。在江边围观的百姓，都跺脚拍掌，呐喊助威。

钱镠又下令："追射！"顿时，江中怪神便消失得无影无踪了。

从此，江中怪神不敢再来干扰修筑海塘，捍海工程得以顺利进行。百姓为了纪念钱王射潮的功绩，便把沿江海塘称为"钱王堤"。

汹涌澎湃的钱塘江大潮，已经成为浙江文化符号。在近代，由蒋百里执笔的《浙江潮》发刊词，就把自然属性的"钱江潮"，转换为人文属性的"浙江潮"，成为钱塘儿女敢于弄潮，浩浩汤汤奔向现代文明的文化象征：

我浙江有物焉，其势力大，其气魄大，其声誉大，……至今称天下奇观者，浙江潮也。——

……可爱哉！浙江潮，可爱哉！浙江潮。挟其万马奔腾、排山倒海之气力，以日日激刺于吾国民之脑，以发其雄心，以养其气魄。二十世纪之大风潮中，或亦有起陆龙蛇，挟其气魄以奔入于世界者乎？西望葱茏，碧天万里，故乡风景，历历心头。我愿我青年之势力，如浙江潮；我青年之气魄，如浙江潮；我青年之声誉，如浙江潮。

巨浪滔天，激情澎湃：伟哉，钱江潮！

理想光辉，英雄风采：可爱哉，浙江潮！

富春江入黄公望视线是幅绝美山居图

钱塘江进入桐庐、富阳两地之后，开启了两岸山色秀丽、江水清澈、村落点缀的中段流域，也就是通常所说的富春江流域。

“山烟涵树色，江水映霞晖。”南朝诗人何逊来到富春江，一下子就被这里的山清水秀吸引住了，写下了这首《日夕出富阳浦口和朗公》诗，描绘出夕阳西照下烟霭四起，余晖照耀江面，熠熠生辉的，好一幅人间世外桃源的美丽图景。

已进入晚年的黄公望，在读到前人的诗作时，心里不由产生了一种冲动，世上还真有风景如此优美、秀丽、雅致、静谧的桃源世界？人生的历程当不能缺少这样一段生命的体验吧。想到此，他决定去一趟富春江，作一番实地考察。

一到富春江，黄公望也被这里的山水给吸引住了，真是人们常说的富春“无处不画图”。呈现在他眼前的，是富春江两岸群山苍苍，青翠遍野，薄薄雾气不时地飘过，让山形忽隐忽现，如同仙境一般。尤其是用画家的眼光来观审，富春江本身就是一幅绝美的山水图画。

尽管入画界比较晚，然而，黄公望的艺术审美功底是非常深厚的。他一看富春江，就认定此处乃世外桃源，无须踏破铁鞋，美景就在眼前，可识、可感、可居。

在江边的一棵大树下，他停下脚步，看到云雾缭绕、风光旖旎的山色，清澈碧绿、深流涌动的江水，心中好一阵子欢喜，便决定要在此处结庐隐居，让心能够沉静下来，过上悠然自在的生活。

一天，中午时分，黄公望来到富阳城东的鹳山矶头，找了一块石头便坐下来。稍定一刻，他拿出纸笔，作起画来。

然而，正在他全神贯注地作画时，突然背后遭到猛然一击，他猝不及防，掉入江中。

究竟是谁竟然对一个年近八旬的老人下如此之狠手？

原来黄公望四十多岁在大都（今北京）都察院任职时，曾参与上司张闾督办的江南粮食征收之事。当时，张闾受贿被抓，黄公望也受牵连入狱。在狱中，他供出了张闾的种种不法行为。

出狱后，黄公望对官场不再抱任何幻想，从此绝了仕途之念，拜师入道教，师从金月岩道士，加入主张儒、释、道三教合一的全真派，并与张三丰、莫月鼎、冷谦等道友交往甚密。之后，他常常行踪不定，过着半隐的生活。

然而，张闾的家人对黄公望一直怀恨在心，要找他报仇，这次对他下毒手的人，当是受张家人指使。

黄公望落水后，正好有一个叫何树平的樵夫路过江边，见有人落水，他连忙跳入江中将人救起，然后，背着他回到了家里。

樵夫的家在一个叫庙山坞的地方，离富阳县城并不远，比较隐蔽。平常如有外人进来，村里的人就会知道，大家对外人也比较警觉。

樵夫将黄公望救回家后，热情地留他住了下来。

一日，黄公望到村里走了一走，发现此村三面环山，一面临江，群山青翠，绿水溶溶。周边竹林里，有一条

山水如画富春江

山间小径。隐蔽、静谧的环境，让他很是陶醉。

他觉得此处是结庐隐居的一个好地方，也非常符合道教择洞天福地而结庐的要求。特别是此处一片后来被他称为“小洞天”的地方，更是他理想的隐居地。那里四周竹林茂密，溪水潺潺，空气清新，可谓是上有竹影，下有清泉，环境幽雅又静谧。

他看了之后，十分满意，随即赋诗一首：

入山眺奇壑，幽致探何穷。
一水青岑外，千岩绮照中。
萧森凌杂树，灿烂映丹枫。
有客茅茨里，居然隐者风。[①]

樵夫建议他就留在村里，他欣然接受。他请樵夫帮忙，寻人来帮他建茅庐，打算在这里长住下来。这样可以近距离地观察富春江，认识富春江，欣赏富春江。

茅庐建好后，他把自己的一幅画挂在屋中，并作题记道：“此富春山之别径也，予向构一堂于其间，每春秋时，焚香煮茗，游焉息焉。当晨岚夕照，月户雨窗，或登眺，或凭栏，不知身世在尘寰矣。额曰‘小洞天’。”

光阴似箭，黄公望住在这里，一晃就是七年。

七年间，黄公望钟情于富春江的山山水水，常常不辞辛劳，带着一个画囊，装上笔墨纸张，或奔走于山间，或行游在江边，将富春江烟云变幻之奇妙、江水流淌之韵律、两岸居民之风情，都了然于胸，识然于心。

一天，黄公望行游在富春山水中，来到了东汉名士

①借用黄公望《为袁清容长幅》诗。

黄公望在富阳的结庐地“小洞天”

严子陵钓鱼处。

只见此钓鱼处，两岸富春山静静相对，倒映在波光粼粼的江面上，一幅天然的水墨画就呈现在面前。他由衷地发出一声感叹：“此处真乃风景绝佳之胜地！难怪子陵先生要拒绝官位来此地隐居，耕钓以终，他是我辈的楷模啊！”

当转向后山望去，他看到了那块竹笋形状的山石，传说那就是子陵先生的垂钓处，那块石头就是他放钓竿的柱石。

他走了过去，用手轻轻地抚摸着石头，然后在一旁席地而坐。

阵阵的江风吹了过来，甚是凉爽。

他抬起头，又望了望对面的富春山，山像是浮在江面上似的，流动的江水托着延绵的青山，带来一种动感的视觉冲击。

起身后，他登台远望，但见幽谷青翠，恍似天堂。江水清碧，在青山脚下回旋，洋溢着一种流动的美。早在唐朝，被称为“诗仙”的李太白曾云游到此，留下“钓台碧云中，邈于苍岭对”的诗句。著名诗人孟浩然专门来此拜访游览，看到如此秀美绝伦的山水，不禁感叹道：“钓矶平可坐，苔蹬滑难步。……观奇恨来晚，倚棹惜将暮。”这是说，这么好的地方，子陵先生早就看上了，只恨自己来得太晚了。

严子陵曾与后来做了皇帝的刘秀一同游学。刘秀即帝位后，便征召他为谏议大臣，但他婉拒了，执意要归隐富春江畔，过自己简朴而自由自在的耕钓生活。刘秀先后三次遣使来请，他才入京，与刘秀畅叙友情，同榻而卧。夜间，他故意用脚压在刘秀腹上，刘秀毫不在意。次日，太史官急上奏，说：“客星犯帝座，甚急！”刘秀却笑而答道：“朕与故人严子陵共卧耳。”刘秀深知他的性格和为人，尽管自己做了皇帝，对严子陵依然是以好友相待，为后世留下一段佳话。

严子陵一生甘愿贫苦、淡泊名利、真诚待人、向往自由的品格，一直为后世景仰。宋代范仲淹在此做官时，主持建造严先生祠堂，并撰写《桐庐郡严先生祠堂记》，以“云山苍苍，江水泱泱。先生之风，山高水长”之句，对严子陵予以盛赞，并留下了手迹，立碑于此。

黄公望明白，富春江不仅山清水秀，而且人文积淀也非常深厚。其主要内核就是以子陵先生为代表的中华隐逸文化，对于生命终极意义的独特诠释。

隐居并不是逍遥避世，而是以独特的方式，确立一种人格范型，呈现生命的超卓意义。从表面上看，隐逸似是与现实保持距离，甚至是拒绝红尘，但其深刻的内涵实则是以一种遗世独立的姿态，观照生命的理想，关怀生命的意义。

宋代另一位大诗人陆游来此游览后，填有一阕《鹊桥仙》词，高度赞扬了代表隐逸文化的钓台精神：

一竿风月，一蓑烟雨，家在钓台西住。卖鱼生怕近城门，况肯到红尘深处？　潮生理棹，潮平系缆，潮落浩歌归去。时人错把比严光，我自是无名渔父。

南宋名相张浚来此游览时，也写了一首题为《过严子陵钓台》的诗："古木笼烟半锁空，高台隐隐翠微中。身安不羡三公贵，宁与渔樵卒岁同。"不仅写出了富春江的美色，也盛赞了遗世独立的隐逸精神。

南宋亡后，遗民谢翱于至元二十六年（1289）来到此处，面朝北方，大声痛哭，以表他对文天祥忠君爱国人格精神的敬佩。尔后，他泛舟江上，以竹击石，大声朗诵《楚辞》，为文天祥招魂。后回到住处，撰写《西台恸哭记》，以述其事，传给后人。从此，他不再远游，隐居于西台附近，开堂授徒讲课，并四处搜罗逸史，写下大量缅怀故国和亡友的诗文，并成立了富春江历史上最早的诗社——汐社。谢翱去世后，葬于钓台之南，与

黄公望《富春山居图》（局部）

富春江为伴。后人感其义举，将谢翱长眠之处与严子陵钓台并称“东西钓台，名垂千古”。

黄公望深知，隐居富春江，不能只是贪图富春江迷人的山水景色，更重要的是能够感受其深厚的人文精神。独特的隐逸文化，才是富春江的人文之魂，也是他决定隐居于此的根本缘由所在。

这是内心的召唤，遵从内心，方是真正的自由和自在。

在富春江畔隐居的日子里，黄公望每天必做的功课，就是去富春江边走走看看，让思绪进入中国绘画所倡导的那种“天人合一”“物我两忘”的境界，做到将观审的对象里里外外看个透，悟个透。只有这样，方能进入“烂熟于心”的创作状态，做到道家所追求的“无为而为”之境地，以无功利的方式，实现审美的最大目的和最大功利，将富春江之魂展现出来，真正地流传后世。

此时，黄公望已是八旬高龄的老人了，虽然行动有

些迟缓，但并不影响他的创作。

一日，与他一同前往富阳隐居的师弟郑樗[①]，对他说："师兄如此爱富春江，何不作一长卷留念？"

他回答道："此话正合我意。在此居住了七年，算是里里外外看了个透，当是作画之时了。"随后，他就取出笔墨和纸张，在茅庐南屋里，开始了《富春山居图》的创作。

无用师弟一直在旁观看、陪伴。

黄公望的创作，并非一挥而就，而是将平时在江边随手画的富春江景色，先一一摆在一起，再细细揣摩，并反复思索他这些年来在富春江畔细心观察到的江水、山雾、细雨、雪花等自然景象，力求捕捉那些深山幽壑、古木泉流和江水的灵性，再慢慢地动笔，细细地描绘。

这一画，不是几日，也不是几月，而是数年，中间时断时续，前后共花了七年的时间才完成。他在题跋中

①郑樗，字无用，号散木，盱江人，元朝道士，黄公望的师弟。

写道："至正七年，仆归富春山居，无用师偕往，暇日于南楼援笔写成此卷，兴之所至，不觉亹亹。"

无用师看到画后，十分喜欢，黄公望便将这幅凝聚着他隐居富春江数年心血的巨作送给了他，以表师兄弟之间的深厚情谊。

这种不以俗世功利为目的，而是遵从内心，兴之所至，无为而为创作的画，让黄公望这幅《富春山居图》达到了创作的巅峰，也将中国绘画艺术境界推到了一个新高度。

《富春山居图》长卷，绘的是富春江两岸初秋的景色。视野开阔，气度非凡，笔法细腻，清润淳朴，疏密有致，墨色浓淡、干湿并用，将黄公望晚年在富春江畔山居的景色，极富变化地描绘了出来。尤其是其虚实相间的构思，灵活、生动而形象地表现出富春江畔山峦起伏、烟雾迷蒙、江水深流，富有流动感又极具灵性的特点，以及神采焕然、别致优雅的幽深意境，呈现出来的是画家洗尽铅华、天真自然，宁静致远、淡泊功利的人生风范和富春江"山川浑厚，草木华滋"的品质，达到了"心静则意淡，意淡则无欲，无欲则明，明则虚，虚则能纳万境"的审美境界，获得了前人不曾有的审美高峰体验和灵性启悟，后代画家对此无不顶礼膜拜。

明代"华亭画派"代表人物董其昌评价说，此图"展之得三丈许，应接不暇"，观后，觉得"心脾俱畅"。同为明代画家的邹之麟也作出这样的评价："知者论子久画，书中之右军也，圣矣。至若《富春山居图》，笔端变化鼓舞，又右军之《兰亭》也，圣而神矣。"清代画家恽南田评价说："所作平沙秃峰为之，极苍莽之致。"可见，黄公望《富春山居图》为旷世之作。

富春江和富春山给了黄公望新的创作灵感和审美理想，给了他臻于创作至境的灵性，而他也把自己晚年全部的创作精力和智慧，献给了富春江，赋予了富春江更丰厚的文化内涵、更优雅的美学意境。

朱熹后裔独具慧眼 选择浦阳江畔栖居

浦阳江是钱塘江的一条主要支流，发源于浦江县花桥乡海拔 818 米的天灵岩南麓。

史载，以前其干流全长约 450 公里，流域面积大约 1.5 万平方公里，是东南沿海区域的一条大江。那时，浦阳江与钱塘江并行，人称钱塘江为大江，称浦阳江为小江。其中游段，又有兰溪江汇入，此后便分为新安江、富春江。进入萧山后，向北流经浦阳镇，纳凰桐江；流经临浦镇，江面宽广，再折向西北，流至义桥镇，纳永兴河；流经闻堰镇南侧的小砾山，汇入富春江。此后的富春江便称为钱塘江。

钱塘江、富春江和浦阳江三江交汇之处，一个桃源之地。

古时，有渔浦渡口。一千多年前的浙东唐诗之路，便从这里沿运河东行，一路景色优美，蓝绿交织、清新自然，山水相间，颇得道法自然、天人合一之意境，给人带来诗和远方的遐想：蓝天、白云、碧水、绿树、红花、白鹭……

宋代大儒朱熹的重孙朱淳，曾被派到萧山做尉官。从此，朱熹的这一支后裔，便在浦阳江畔扎下根来。

朱淳发现此地风景优美，民风淳朴，一眼就看上了浦阳江畔这片美丽的地方。一有时间，他就喜欢四处走走看看。

当地人告诉他，此地南面有道林山、雄鹤鼻，东面有太平山，西面有郭母山，遥相对应。境内是三江水系汇流：浦阳江、凰桐江、径游江交汇。江水蜿蜒流淌，向南通向诸暨，往北通往杭州。奇特的是，由于凰桐江江水较浦阳江清澈，故在两江并流处，时常会看到两江水流分界线，风景独特，环境优美，点缀于古木幽篁之间的山麓，在波光粼粼的江水映衬下，尽显陶渊明笔下桃花源的美丽景象。①

毕竟是大儒的后代，朱淳对历史典籍和文化古迹非常喜爱。只要有空，他便去寻访这里的名胜古迹，增加自己对这块土地人文风情的认识和了解。

一天的大清早，朱淳用完餐后，对妻子说他今天要去东面的太平山看看，那儿有建于唐贞元三年（787）的宝寿禅寺，他想去拜拜佛，也领略一下太平山麓的大好风光。

然后，他就骑着马，独自去了太平山。

到了山下后，走到一户人家，主人认得他，急忙出来，作揖道："朱县尉，今日如何有空来敝处？难得，难得！"

朱淳答道："今日闲着，去山上看看，也去拜一下宝寿禅寺。可否把马拴在你家院子里，麻烦帮忙看管一下，

①此处在北宋太平兴国三年(978)时称桃源乡。明代桃源小湖孙氏宗谱还有先祖"卜居仙源"的记载。

三江口全景

多谢了！”

主人说：“好的，朱县尉，您尽管放心，我会帮您看管好马。”

太平山的最高峰，是狮虎峰。峰下有一处青山环抱的山岙，当地人把它叫作龙穴凤巢。这里的人家不多，多是种植茶和果树的。山岙里林木葱茏，茶果丰茂，景色秀丽，生机勃勃，宝寿禅寺就坐落于此。

到了宝寿禅寺，朱淳看见这里香雾缭绕，来烧香拜佛的信徒众多，他点了三炷香，磕头，礼拜。

他去见了方丈，与方丈交谈甚欢。

方丈告诉他：宝寿禅寺始建于唐代，由高僧纯一大师创建；后周广顺三年（953），赐额永丰院；北宋大中祥符元年（1008）时，改称宝寿禅寺。这里曾建有三宝大殿、韦驮殿，以及东西南北四大山门，田产也不少，旁边还有狮虎涎泉、古井、古银杏等。

了解了不少宝寿禅寺的传说，朱淳收获不小。他知道，在西边的高洪尖山腰，还有一座灵山寺，打算另择他日前去拜访。

这座灵山寺，建于后周显德六年（959），初名郭峰院；北宋治平三年（1066），改名为灵山寺。

在休息日，朱淳照计划去了灵山寺。

先是来到灵山村，这里的人家也不算多，周边也是群山环抱，灵山寺坐落其中。

高洪尖是郭母山的主峰，灵山寺背靠高洪尖，远远望去，整座寺如同在弥勒佛怀抱一般。

灵山寺规模较小，香客也不多，各殿不算大，比较紧凑。寺殿前，不时有几位香客在上香，朝着大殿的菩萨跪拜。

待香客起身走后，朱淳走了上去进香，揖拜，再向功德箱里捐了一些供养，然后朝方丈室走去。

方丈迎请他在方丈室坐下，沏上茶，两人便聊了起来。

他又从方丈那里了解到了灵山寺的来龙去脉，甚是高兴。

对东西两座寺庙的拜访，使朱淳对此地的历史人文越发感兴趣了，成为一名业余文史爱好者，他也了解了不少流传在浦阳江的民间传说。

传说当年大禹治水，曾到过这里。他带领百姓治理浦阳江，改河道、筑水闸，还给当地人治病，当地人十分感激他。大禹临走时，两岸的百姓依依不舍，十里相送，纷纷给大禹的人马捎上当地的土特产，场面十分感人。

后来，有人提议，当在江堤上立一块石碑，告诉后代永记大禹治江功绩。也有人提议，可在村口竖三根木柱，作为大禹帮助村里治水的标识。还有人提议，当种五株樟树，以资永久纪念。

一位老太太听了，对乡亲们说："石易断，木易蛀，树易枯。就在大禹治水开工的地方造一间亭屋吧，既可避雨，又可乘凉。俗话说：'万年不坏路，千年不倒屋。'给亭子取一个与禹有关的名字，以托思念。"

老太太的建议，得到了大家的赞同。大家在浦阳江畔的王家井村，建了一个亭，取名为"禹思亭"。

另外，在浦阳江畔流传最广的，就莫过于西施的传说了。

早在古越国时，后来被称为中国历史上四大美女之一的西施，曾在浦阳江边浣纱。晋代，"书圣"王羲之来到浦阳江边西施浣纱处，亲笔题写了"浣纱"两个大字，以表达对西施的追慕。唐代女诗人鱼玄机来到此处凭吊时，也赋了一首题为《浣纱庙》的诗，以表达她对西施的感佩：

吴越相谋计策多，浣纱神女已相和。
一双笑靥才回面，十万精兵尽倒戈。
范蠡功成身隐遁，伍胥谏死国消磨。
只今诸暨长江畔，空有青山号苎萝。

读历史，访民间，实地考察，朱淳越发爱上了浦阳江。在他的心中，这是一条既有着优美自然风光又有厚重人文积淀的江。

江上有清风，山中有气象。如果说山有灵性，那么水就是山之魂。没有水的衬托、映照，山往往也会失去不少灵气。山为刚，水为柔。山水相间，刚柔并济，气象万千，变幻无穷，方是山水给予人的灵性启示，也是山水给予人的性格修炼的哲理馈赠。

浦阳江边的山不高，却充满灵气；浦阳江的水不深，却柔波荡漾。文人骚客们来到浦阳江边，或纵情吟唱，或挥毫泼墨，留下的是情，是意，呈现的是生命的情怀。唐代诗人骆宾王《早发诸暨》诗中“薄烟横绝巘，轻冻涩回湍”，描绘的就是浦阳江两岸秀丽的景色。宋代范仲淹《诸暨道中作》诗中的“林下提壶招客醉，溪边杜宇劝人归”，就是对陶醉在浦阳江边的情景的赞美。文人骚客们在浦阳江畔，找到了情感的慰藉，找到了心灵的驿站。

朱淳的后代，在浦阳江畔安家，乐业。在这片热土上，他们遵循先祖朱熹的教导：“建立村庄之际，乃依堪舆家之言，择最吉星缠之下而筑之，谓可永世和顺也。”同时，他们取名字也严格按照祖辈定下的行传字辈：“乾坤元恩，文章华美，诗礼传家，道学儒宗，科明昌国。”

如今的“桃源三朱”，就是朱熹后裔的分支。朱淳

浦阳江

的后代中，有一位名叫朱成，一开始居住在湘湖一带，后来家族人丁兴旺，便在一个叫“桃花源”的紫湖边买下一大块地，带着家眷迁了过去。朱熹的这一支后裔，后来逐渐向浦阳江畔的桃山、童山和低湖一带延伸开来。朱成的长孙朱鹳，就在如今叫十三房村的地方安了家，扎下了根。

据当地人说，村子一开始并不叫这个名字，因为朱鹳在族里排行十三，后人便将村子叫作“十三房村”。[①]

沦隐菑畬，寄迹樵渔。泊山原，陟危巅，苏门长啸。歇芳堤，临深渊，赤壁鱼殳。载耕载读，将翱将翔。玉树盈庭，芝兰满堂。紫阳后胤，百世其昌。

①十三房村周边有山有水，丘山起伏，松木成林，自然环境优美，整齐干净。除了十三房村以外，附近的低湖朱村、朱家塔村（今临江村）也分布着朱熹后裔。据悉，现萧山区浦阳镇的朱熹后裔有三千余人。

这是清同治十一年（1872）朱氏家谱中，描绘的朱熹后裔在浦阳江畔过着“渔樵耕读”生活的情景。

可见，朱熹后裔选择浦阳江畔作为自己的家园，是独具慧眼的。这也不禁使人们想起朱熹曾在泗水之滨创作的那首著名的《春日》诗：

胜日寻芳泗水滨，无边光景一时新。
等闲识得东风面，万紫千红总是春。

是的，行走在浦阳江边，见到的就是“山色四时碧，溪光七里清”的秀丽美景，是“无边光景一时新”和“万紫千红总是春”的大好风光，领悟的是朱氏家族，特别是生活在浦阳江畔朱熹后裔所传承的耕读文化的深厚意蕴。

山色空蒙，江水依依。浦阳江承载的，是厚重的历史记忆与自信的文化情怀。

第七章

西湖：美学典范

杭州之有西湖，如人之有眉目，盖不可废也。……使杭州而无西湖，如人去其眉目，岂复为人乎？

——苏轼《杭州乞度牒开西湖状》

最令白乐天难舍的是此湖

唐穆宗长庆二年（822）七月，白居易终于接到朝廷的调令，任命他为杭州刺史。

在京城任职时，他主要是给皇帝写政策建议一类的奏折，兼以负责接待外藩使者的工作。听起来风光，其实只是六品小官。后皇上怜其年老，加了朝散大夫的散官之衔，他才脱掉青衫，改着绯袍[1]。

此年初，京城边的道（方镇）出现乱局，持续了好长一段时间。白居易为此专门写了《一请勒魏博等四道兵马却守本界事》奏折，提出自己的建议，但折子呈上去，长时间没有得到批示，他心里也有点纳闷。但想了想，毕竟是新皇帝刚登基，当有他的新思路，自己的一些想法，未必能符合新皇帝的新思路。这样下去，自己在京城的工作，似乎也没有太大的意思，还不如到地方上去任职，做一些实实在在的事，这样更能发挥自己的才干。

长安居，大不易也。

想到此，他意已决，便向皇上请求外任，并特意说了想去江南，在那里为国家做些实事。

①青衫、绯袍，均为唐朝官员服饰，不同品级穿不同服饰。如白居易《琵琶行》诗中云："座中泣下谁最多，江州司马青衫湿。"说的是自己只是江州司马，穿的是青衫，品级低。

七月，除杭州刺史的调令下来，这让他喜出望外。

赴任杭州路上，他写有一首《长庆二年七月自中书舍人出守杭州路次蓝溪作》诗，以感谢朝廷对自己的体恤：

圣人存大体，优贷容不死。
凤诏停舍人，鱼书除刺史。
置怀齐宠辱，委顺随行止。
我自得此心，于兹十年矣。

途中另一首题为《舟中晚起》的诗，最能体现他的心境，也道出了他主动请求外放的个中缘由，坦露了他复杂的心路历程：

日高犹掩水窗眠，枕簟清凉八月天。
泊处或依沽酒店，宿时多伴钓鱼船。
退身江海应无用，忧国朝廷自有贤。
且向钱塘湖上去，冷吟闲醉二三年。

此次赴杭州任职的路途，与上次被贬江州走的路有些重合，但心情却大不一样。

过了长江，白居易知道，就是到了江南；而到了江州，离杭州就不远了。

经长途跋涉，一路艰辛，金秋十月的一天，白居易终于到达了杭州。

虽然从小就从大人的口中，从书本中，也从自己少年漂泊到杭州的亲身经历感受中，白居易已经知晓杭州，但此时来杭州赴任，与以往是不一样的。

在京城做官，虽为皇帝近臣，但朝中你争我斗，尔虞我诈，大家心照不宣，彼此提防。此次，白居易作为朝廷命官，来杭州治理一方水土，保一方平安，在这里，可以有一番作为。在《马上作》一诗中，他写道：

杭州五千里，往若投渊鱼。
虽未脱簪组，且来泛江湖。
吴中多诗人，亦不少酒酤。
高声咏篇什，大笑飞杯盂。
五十未全老，尚可且欢娱。

对他来说，杭州将是他实现自己为官一任、造福一方理想的热土。

到杭州上任后，白居易深感肩头担子不轻。

在向穆宗上的谢恩表中，他表示："唯当夙兴夕惕，焦思苦心，恭守诏条，勤恤人庶，下苏凋瘵，上副忧勤。"

上任不久，他就带着手下官员，马不停蹄地穿梭在杭州的大街小巷。

当时的杭州并不大，大运河虽已开通，南端的杭州成为南北货物的集散口岸，却还不是特别繁华。不过，给白居易印象最深的，是位于城西的那个湖，当地人称之为钱塘湖。钱塘湖三面环山，一面临城，山色空蒙，碧水荡漾，别有韵味。一时虽说不出究竟是何种韵味，但身临其境，却实实在在地可以感受其内在之韵和魅力。

然而，通过实地考察和走访，白居易发现这个与城紧密相连的湖，在杭城百姓的口中，并没有那么美好，甚至是一害。

这究竟是什么原因呢？他要搞个明白。

一天，白居易微服私访，想要了解一下百姓生活的真实情况。他来到西湖边的一户人家，推开门，只见有一位老人坐在堂屋中。

老人向白居易诉苦说：“唉，别提了，在你们看来，这湖是美的；但对我们来说，它却是一个祸害。如果不是取水方便的话，我们早就搬走了。”

白居易听了，大吃一惊，连忙问道：“老人家，此话怎讲？”

老人一下子打开了话匣子，说：“你看，这湖每逢旱年，湖水浅，无法灌溉农田，湖畔之苗都得旱死；而每逢大雨之年，湖水暴涨，湖畔之苗又都被淹死。民以食为天。对百姓来说，没有粮食收成，再美又有何用？”

白居易听完，一时唯有沉默，他起身辞别老人，说：“老人家，我明白了，请多多保重，我们要把这湖治理好，让湖造福于民。”

回到官府，白居易翻阅了大量的治水文献典籍，又与幕僚反复研讨，希望早日制定出一套治理钱塘湖的工程方案。

唐长庆三年（823）六月，天气暴热，杭州大旱，钱塘湖已严重淤浅，出现葑田“约数十顷”，蓄水量大为缩减。白居易带领幕僚和下属官员，到处祈雨，希望天降甘霖，解百姓疾苦。

辅官告诉他，杭城吴山脚下有一口乌龙井，也叫黑龙潭，相传此井深浅莫测，遇大旱不干涸。天晴，则潭水清澈；遇有雨，提前一天水会变黑。相传潭下住着黑龙，是否请它出来降雨？

白居易说此事甚好，并撰写了《祭龙文》。

然而，黑龙没有回应，祈雨自然无果。

严酷的现实让白居易认识到，应立马兴修水利，实施他亲自制定的钱塘湖治理方案。

在官府，白居易召开会议，对众官员说："杭州虽为江南名郡、大郡，也是朝廷赋税重地，但通过实地走访，大家可以看到，百姓生活并不快乐，甚至怨声载道，究竟是什么原因造成的？"

众官员面面相觑，一时语塞。

白居易接着说："大家到城西的湖边走走看看，就知道了。现正值大旱，大家看到什么？杭州在江南，本该不愁水，可是，偏偏就是在不该愁水的地方，却正为水所困。说是靠着湖，湖给杭城也带来了美景，可对百姓而言，却是灾难。为什么靠着湖却无水可用，无水可饮呢？"

接着，白居易公布了治理钱塘湖的方案。

不料，竟然有人提出反对意见，这着实让白居易感到有点意外。

他知道，手下的一些官员平日就不作为，尸位素餐，只顾官位，不问民间疾苦。他们有的说，如果整治钱塘湖，水里的鱼类，甚至是龙王，将无所依托，必将报复，反而是添乱；有的则说，这样搞的话，湖里的莲藕菱角从此会枯萎，湖田将会荒芜一片。

白居易听后，只说了一句："鱼龙与生民之命孰急？茭菱与稻粱之利孰多？断可知矣。"

众官员不敢再多议论。

在白居易眼中，治理钱塘湖，是一件大事，不可不做，且只能做好，不能做坏。他力排众议，对众官员说："吾意已决，非心血来潮，一时之动议，而是经过实地调查，

人间胜境西子湖

翻阅了诸多治水典籍文献，征求了各方意见而形成的方案。诸位必须认真去做。认真做者，奖！不作为者，罚！”

在他的主持下，治理钱塘湖的工程正式开启。

整个工程是在原来湖堤的基础上，再“高加数尺”，堤面上用白沙铺盖，两边种上杨柳和桃树，一来加固堤坝，二来美化湖岸景观。等春回大地之时，堤两岸桃红柳绿，随风飘荡，走在堤上，春风扑面，令人心旷神怡。

在这个基础上，白居易又修了堤坝水闸，以增加湖水容量，解决钱塘、盐官之间数十万亩农田的灌溉问题，并为运河扩充了水源，同时也解除了杭城居民生活用水之忧，美化了钱塘湖的景观，可谓一举四得。

白居易发布公告，规定西湖的大小水闸、斗门，在不灌溉农田时，要及时封闭，发现有漏水之处，要及时修补，在湖的南北处，修建石函和引水用的笕管，便于排泄洪水，保障湖堤安全。

他还规定，大旱之日，百姓可以越过县乡两级，直接到州衙要求放水，以免文来文往，“动经旬日”，耽误大事，让百姓受苦。

紧接着，他又修缮了前任刺史李泌在钱塘门、涌金门一带开凿的六井，请匠人引湖水入城，让杭城百姓喝上甘甜的清水。

在治理钱塘湖时，白居易十分注重湖的景观再造。

原来的钱塘湖，淤泥堆积，大旱时，可见湖底坑坑洼洼，一个接一个的臭泥潭，影响观感。大涝时，水漫堤山，恣意漫流，又让人无法行走，更不能观赏到雨湖的空蒙之美。所以，他要在解决湖的功能性问题的同时，也解决湖的观赏美感问题，让钱塘湖真正成为杭城的一道美丽风景。

次年春天，白居易带着随从，走在新筑的堤上，只见堤岸两边，杨柳新芽翠绿，枝条随风摇曳，婆娑多姿。举头远眺，三面群山环抱，湖面如镜，青山倒映其中，望海楼也沐浴在明丽的云霞之中，好一派醉人的风景！

白居易心中顿生欢喜，一时诗兴大发，一首《杭州春望》的诗，就生成了：

望海楼明照曙霞，护江堤白踏晴沙。
涛声夜入伍员庙，柳色春藏苏小家。
红袖织绫夸柿蒂，青旗沽酒趁梨花。
谁开湖寺西南路，草绿裙腰一道斜。

唐长庆四年（824），白居易调离杭州。离别前，他对手下说：“杭州最值得留恋的就是钱塘湖，能够亲自治理这片湖，还湖于民，造福于民，是我为官一任，最值得欣慰的一件事。”

为此，他写下《钱塘湖石记》一文，详细记录了治理钱塘湖的过程、注意事项和方法经验，并刻在湖闸上。文中他写道：“予在郡三年，仍岁逢旱，湖之利害，尽究其由。恐来者要知，故书于石。欲读者易晓，故不文其言。”

白居易大概觉得，钱塘湖的名字太容易与钱塘江混淆，便改称其为“西湖”。毕竟湖就在城的西面，又与城如此紧密，称之“西湖”，不仅简洁明了，且富有诗意。

圣塘闸亭

为此，在杭州的日子里，他创作的诗，有三首诗题直接以西湖替代钱塘湖之名，分别是《西湖晚归回望孤山寺赠诸客》《早春西湖闲游怅然兴怀忆与微之同赏因思在越官重事殷镜湖之游或恐未暇偶成十八韵寄微之》《西湖留别》。还有一首是在诗句中，即《湖上醉中代诸妓寄严郎中》诗中，直接称钱塘湖为西湖："何如尽日醉西湖。”

西湖，是白居易心中的湖。

在杭为官两三年，他在治理西湖的同时，更是赋予西湖以美的情感、美的理想，为西湖奠定了美学范式。

辞别杭州，白居易内心颇为伤感。

西湖、杭州，令他难舍难离。尤其是西湖，值得用生命永远留恋、回味、珍惜。

离开杭州，离别西湖后，他仍然念念不忘杭州，念念不忘西湖。

他说，人生最忆的是江南，江南最忆的是杭州。“江南忆，最忆是杭州。山寺月中寻桂子，郡亭枕上看潮头”，唉，“何日更重游”？

而杭州最令他难舍的是西湖。

每当想到春天的西湖，那山，那水，那景，都令他心情难以平静，那是多么优美的湖光山色啊！走遍大江南北，再难觅到这样的经典之美了。

有次又想到此，他拿起笔，写下了当年游西湖时创作的《春题湖上》一诗：

湖上春来似画图，乱峰围绕水平铺。
松排山面千重翠，月点波心一颗珠。
碧毯线头抽早稻，青罗裙带展新蒲。
未能抛得杭州去，一半勾留是此湖。

传说他离开杭州之日，杭州百姓为感恩这位为杭城作出重大贡献的刺史，纷纷拦住他的车马，双手捧酒，依依不舍，十里相送。

白居易深为感动。

在《别州民》一诗中，他说，自己在杭州别的没做什么，只为杭州人留下一片西湖，助他们度过旱涝之年：

唯留一湖水，与汝救凶年。

是的，白居易把一个具有惊世之美的西湖，呈现在世人面前，开创了西湖新的历史时空。

苏轼以西湖打造经典之美

苏轼对杭州一见如故，先后两次来到杭州任职。

他常对人说："这是前世就安排好了的，我与杭州特别有缘。"在《和张子野见寄三绝句·过旧游》一诗中，他就这样写道："前生我已到杭州，到处长如到旧游。"

苏轼在杭州过得很惬意，常常自比同样曾在杭为官的唐代大诗人白居易。

来到杭州，这里的山山水水，这里的一草一木，他都感到很亲切，一见如故，一见钟情。但他最爱的还是西湖。

在他眼中，西湖像古代大美女——西施一般，有着惊世之美，是经典美学范式：

水光潋滟晴方好，山色空蒙雨亦奇。
欲把西湖比西子，淡妆浓抹总相宜。

这首《饮湖上初晴后雨二首》（其一）诗，表达的就是他对西湖的一片深情，后成为一首脍炙人口的西湖

西湖春意

赞歌。

在阔别十六年之后，北宋元祐四年（1089），苏轼以龙图阁学士出任杭州知州，第二次到杭州做官。

如果说第一次来杭州做通判，已认识了杭州，了解了杭州的山山水水、风土民情；那么，第二次来杭州为官，不仅是主政一方，而且还是以龙图阁学士的身份，出任浙西路兵马钤辖，管辖杭州、湖州、苏州、常州等七个州，并兼杭州知州的。应该说，对杭州、西湖的认识，这次更为全面、细致和透彻。尤其是对西湖，他更为用心。

他要以西湖作为标准、作为典范打造西湖，从而向世人展示什么是经典之美。

上任不久，苏轼就急忙去看西湖——那是他最钟情、最牵挂的地方。毕竟已有十多年没能亲眼见到了，西湖，还是那样迷人，让人流连忘返吗？

然而，来到湖边，远处的青山依旧环抱着西湖，尽管湖还是那个湖，可是，眼前的湖面，却让他高兴不起来，甚至感到失望。

这次他看到的西湖，已经严重淤塞，水草遮蔽了大半个湖面。那一汪湖水，倒显得畏畏缩缩了，不仅给整个杭城带来严重的用水困难，而且大大影响了西湖的观感。加上杭城一时瘟疫流行，他对众官员说："杭州是水陆交会的地方，因瘟疫死亡的人，常常比其他地方多，你们要格外关心。同时，治理西湖的事情，也不可怠慢，不解决淤泥问题，就无法让西湖重现昔日光彩。"

治理西湖，苏轼认为，在解决淤泥的同时，也要恢复西湖的美丽景观，重现经典之美。他想到白居易当年疏浚钱塘湖的思路，觉得对他下一步大规模地整治西湖大有帮助。像白居易一样，他也走街串巷，访贫问苦，向百姓征求整治西湖的好点子。

他很快开始着手制订西湖治理的综合方案。

他对负责工程的官员说道："我曾见吴地百姓种菱，每年春天时，除草打捞，清洁至寸草不留，然后才下种。因此，若将葑田变为菱荡，出租给民户，就再不必担忧西湖有茭草堙塞之患了。还可以种些莲藕，到了夏日，莲花盛开之际，就可见'江南可采莲，莲叶何田田。鱼戏莲叶间'的美景。

他接着又说："之前救济荒灾剩余的一万贯石钱米，可以充作工程费用，我将再向朝廷申请一百道度牒[①]。届时雇募民工，挖掘、清理湖中淤泥，在湖水浅处种菱，

①度牒是古代朝廷发给僧人的身份证明。最早出现在北魏时期，盛行于唐宋。僧人凭此可以得到官府的保障，同时还可以免除赋税、劳役。

湖沿岸处种莲。这样，水草不会再蔓生，既能清洁湖水，种菱、莲所得，又可备作以后疏浚西湖的费用。”

苏轼撰写《杭州乞度牒开西湖状》，上呈朝廷。其中写道：

> 杭州之有西湖，如人之有眉目，盖不可废也。唐长庆中，白居易为刺史。方是时，西湖溉田千余顷。及钱氏有国，置撩湖兵士千人，日夜开浚。自国初以来，稍废不治，水涸草生，渐成葑田。熙宁中，臣通判本州，则湖之葑合，盖十二三耳。至今才十六七年之间，遂堙塞其半。父老皆言十年以来，水浅葑合，如云翳空，倏忽便满，更二十年，无西湖矣。使杭州而无西湖，如人去其眉目，岂复为人乎？

他把西湖比作是杭州美丽的眉目。西湖既是杭城居民日常生活用水之源，同时也是农业、酿酒用水的主要来源，还是大运河的重要水源。如果再不抓紧疏浚，二十年后可能西湖将不复存在。在奏折中，他分别从五个方面，详细陈述了疏浚的理由，恳请皇上予以批准，并请求朝廷赐给度牒一百道。

奏折呈报上去，朝廷准其所奏。苏轼用朝廷赐予的一百道度牒，卖了一万七千贯钱，再加上赈灾剩余的钱米，都作为疏浚西湖的经费。

一切准备就绪，苏轼开启了疏浚西湖的工程。

一日，负责工程的官员向苏轼汇报进程时，愁眉苦脸地说：“湖中淤泥太多，且臭气熏天，真不知运到哪儿为好，甚是苦恼。”

苏轼听了，笑道："这有啥子好苦恼呢？一则淤泥本身就是好土，是种植树木花草的好土壤；二则可以就地堆积，筑一道长堤，打造湖堤景观。整个湖面看上去虽大，但边际毫无章法，显得杂乱，无整体美感。依我看，可将淤泥就地消化，在靠西的一侧，筑一道南北长堤，再在堤上种植杨柳和芙蓉等，不仅方便往来通行，将来也是一处风景啊！尤其春暖花开之际，堤上两岸春和景明，姹紫嫣红，生机盎然，将会为西湖美景增色不少。"

官员听了，茅塞顿开，说："是啊，这么多的淤泥就地成堤，既省时省力，减少许多运输上的麻烦，也解决了堆积地的问题，更重要的是，能够为西湖增添一道美丽的景观，真良策也！"

整个工程结束后，一道南北走向的长堤，就纵贯在西湖之西侧。

湖堤贯通之后，苏轼又指示，沿堤可构筑亭台楼阁，堤旁夹植杨柳、芙蓉，由此形成了一道西湖新的景观带。后来又种植桃树，民间就有了"西湖景致六吊桥，间株杨柳间株桃"的谚语。

苏轼再指示工程官员，为使西湖湖水长清，美丽长在，当在湖中修建三座小塔，以塔为记，以示警戒，规定从长堤到这里的水域，不得种植，以防湖泥不断淤积。同时，又修复了杭城六井，让百姓能够喝上清澈的井水。

疏浚工程完工后的一天，正是雨后天晴之时，苏轼格外高兴，与随从一道，来到西湖边，美丽的湖光山色，一扫他来杭时的阴郁心情。在湖滨，他指着对面用淤泥筑成的长堤，对众人说："待到来年春暖花开之日，西湖将是杭城最美丽的一处风景。"众人皆拍手称道。

苏轼游西湖后，但觉兴致无穷，随即写下《饮湖上初晴后雨二首》，除了脍炙人口的“水光潋滟晴方好”，将西湖比作美女西施，以盛赞西湖之美的那首外，还有另一首这样写道：

朝曦迎客艳重冈，晚雨留人入醉乡。
此意自佳君不会，一杯当属水仙王。

这是一道何等优美的经典景观，让人如此陶醉。

置身于西湖的朝霞中迎接客人，一天便是在西湖的绝佳景色之中，度过美好的时光。傍晚的雨，又留住了客人，宾主在静静的雨夜中对饮，醉入梦乡。只是美酒醉人，错过了领略夜西湖美丽的良机。经典西湖十二时辰，各有各的特色，当敬奉一杯献给守护西湖的“水仙王”①。

西湖如此之美，让苏轼感到十分欣慰。接下来要做的事，就是向前辈学习，为杭州代言，为西湖代言，让杭州的美名，让西湖的经典之美，天下知晓。

一日，在得知叶淳老、侯敦夫、张秉道等人一同看新河之事后，他写下《与叶淳老侯敦夫张秉道同相视新河秉道有诗次韵二首》诗，为杭州赋予最浓重的文化和美学符号，留下丰富的文化传说和美学传奇，由此，也深深地表达自己对杭州的挚爱，对西湖之美的推崇。

山色空蒙雨亦奇的西湖，最让他心醉。

湖边种植的树木，生机勃勃，茁壮成长。树荫遮蔽，遇到有阳光的日子，阳光恰到好处地穿过疏密不同的树叶，洒落水面，让水光潋滟的湖，淋上一层金光，与堤、

①水仙王，指的是宋时西湖边有水仙王庙，祭祀钱塘龙君，故称钱塘龙君为“水仙王”。

生机勃勃的西湖

与桥、与船一道，青橙相映，悄然成画。

在西湖边，有座名为望湖楼的茶楼，是苏轼平时最爱光顾的地方。

坐在望湖楼上远眺西湖，湖光山色宛如一幅水墨画，深远，幽静，优美，雅致，境界堪称一流。苏轼每次到望湖楼，在品茗或饮酒甚至是大醉之后，都要留下诗作。

仅熙宁五年（1072）六月二十七日，就挥毫写了五首，将“黑云翻墨未遮山，白雨跳珠乱入船”的西湖，“放生鱼鳖逐人来，无主荷花到处开”的西湖，“乌菱白芡不论钱，乱系青菰裹绿盘”的西湖，“献花游女木兰桡，细雨斜风湿翠翘”的西湖，“未成小隐聊中隐，可得长闲胜暂闲”的西湖，真实地展现在世人面前，让人们将西湖看个明白，悟个透，真正地发现其经典之美，发现其为杭州之根、杭州之魂的奥秘所在。

我本无家更安往，故乡无此好湖山。

精心打造的西湖之美，激活了苏轼蛰伏心灵深处的对杭州、对西湖的一往情深，让他从心底里迸发出讴歌杭州、赞美西湖的诗意火花，处处显示出那种摆脱“长恨此身非我有”束缚之后的空灵洒脱之超越精神，同时，也把江南文化“越名教而任自然”的品格发挥到了极致。

苏轼把这种精神留给了杭州，留给了西湖，留给了这条优美的长堤。让后人懂得，西湖之美，美就美在她的自然朴实、她的纯真本色，美在她空灵洒脱的内在气质和精神品质。

正是在这个意义上，苏轼以集大自然之神韵、蕴人文理想之情怀的方式，给世人呈现出一个经典之美的西湖、一个宋韵之美的杭州。

杨孟瑛造六桥再立新标杆

自苏轼大规模疏浚西湖之后，西湖之美就被后世广泛认同和推崇。

然而，宋亡元兴之后，在相当长的一段时间里，西湖被冷落了。

甚至有人说，经典之美的西湖，让人陶醉其中，却也让人失去血性，失去刚劲。那种“暖风熏得游人醉，直把杭州作汴州”的迷幻，消磨了人的斗志，让人忘却了苦难的记忆。

元代就有人说宋的灭亡，主要是贪图杭州和西湖的安逸所致。为避免重蹈前朝覆辙，元除初年将西湖作为放生之地，对西湖有过一次小规模的疏浚之外，后面基本上是“废而不治”，任西湖淤泥葑草泛滥。

这样的情形，一直延续到明代之初，从而造成西湖历史上又一次大规模的淤浅。

明弘治十六年（1503），酆都（今重庆丰都）人杨孟瑛，出任杭州知府。

上任之际，他发誓要效法唐宋时期白、苏二人治理西湖。因为一到杭州，他就听闻杭城百姓流传着一首民谣："十里湖光十里笆，编笆都是富豪家。待他享尽功名后，只见湖光不见笆。"说的是日益淤浅的西湖，又被富豪权贵们不断蚕食，圈占为私家之田地享有。

这让他有点坐不住，觉得只是坐在衙门里，不问政事，不为杭州百姓做点实事，就太对不起头顶上的乌纱帽了。

杨孟瑛认真地学起白、苏二人来，微服私访，体察民情。

到了湖滨，杨孟瑛发现三面环山的西湖，已没有了白、苏二人诗中的景观，整个湖面一眼望过去，就像是一片杂乱的芦苇荡。

眼前这幅颓败、荒凉的景象，让他的心情变得沉重起来。

在湖滨靠东头的地方，有一群人聚集，他走了过去。还未到跟前，就听见人群中传出一声响亮的声音："你们看看，这湖还像是西湖吗？白居易诗中的'湖上春来似画图'呢？苏东坡诗中的'淡妆浓抹总相宜'呢？杨万里诗中的'接天莲叶无穷碧，映日荷花别样红'呢？西湖的美，如今去了哪儿呢？"

人群中发出一阵嗡嗡的议论声。有人说："西湖早没有疏浚了，湖面生杂草，那是再自然不过的事，如今湖面都被富豪们圈占了，你又奈他们何？"

接着，另一人道："这些占湖的富豪们，连官府都要让他们三分，不然，官府收不上他们的税，连俸禄都没得保障了。所以，到官府去告他们，是徒劳的。你们不知，官府已给他们占的湖造了册，发了地契，确定了税额。”

众人中又发出一阵议论声。

当然，大伙也只能是私下说说，发发牢骚而已。杨孟瑛听了，一声不吭，默默记在心中，再往湖边走去，只见湖的四周，皆有篱笆圈围着。有些地方种了莲藕，有些地方则是葑草杂生，还有些水浅的地方，土地开裂，偶尔裸露的河床上，稀稀落落地长了一些野草，像瘌痢头似的。只有中间地带，尚见一条水道，偶然可见几只运酒的小船驶过。整个湖面再也不见白、苏二位先贤诗中的景观，西湖已是一片荒芜景象，尤其是苏堤以西的湖面，“高者为田，低者为荡，阡陌纵横，曾不容舟”，即便苏堤以东，也是“萦流若带，六桥之下，水流如线，苏堤之上，亦是柳败花残”。

回到官府，杨孟瑛又查看了以前的府中记事簿。簿中的记载，更是令他心忧：

“正统五年，秋冬不雨，湖水涸成平陆。”

“正统七年，大旱，冬十月，湖水竭。”

“景泰七年，自秋至冬，数月不雨，湖水涸成平陆。”

“弘治四年六月，大雨，凤凰山、龙井等处，山水暴涨，淹田禾。”

“弘治五年六月二十四日，大风，西山水发，山崩地裂，西湖溢，坏民庐数百家，死者数十人，城墙崩摧。”

“弘治十三年，灵隐山水横发，水满西湖。”

一连串的西湖水旱灾记录，看得杨孟瑛心惊肉跳，很不是滋味。

面对西湖的现状，想起民谣的内容，以及自己实地考察的所见所闻，他实在坐不住了，心里想，如果再不像前辈先贤那样整治西湖，很可能在自己的任上，西湖就要真的消失了。

于是，杨孟瑛召集手下众官员商议。有官员对他说：“动不得，动不得，且不说那些富豪们难以说通，关键是官府也会少一大笔税收，没有钱可什么也做不了。”另有官员说：“我曾与那些富豪商贾们打过交道，他们说西湖早已不再疏浚，让它变成良田岂不更好？一则增加了收成，二则也扩大了杭城陆地面积，以后将会更便利于交通。所以，让他们放弃收成利益，能做得到吗？”

知府想疏浚西湖之消息不胫而走，占湖的富豪们在慌乱之后，联合起来四处造舆论。有官员报告说：“一些富豪说官府浚湖是侵害百姓利益，湖面围篱笆已经百年，历经数代，湖田是祖产，跟官府有何相干？有的说湖田是花钱从别人那里购买的，怎能轻易交给官府？况且湖西之田位置得天独厚、土壤肥沃，属于上等良田，怎能拱手让出？”

杨孟瑛听了，十分震怒，说：“你们扪心自问，曾经风光无限的西湖，能在我们手中消失吗？你们要做千古罪人吗！”

他力排众议，决定向朝廷禀报，上奏折《开湖条议》，力陈西湖占塞的诸多弊害，并提出五点具体措施建议：

一是加强城西防御力；二是全力保障杭城安全；三是着力解决百姓饮水问题；四是便利商业活动，强化官府税收；五是引水灌溉良田，确保农业收成。他奏报说，西湖治理是一个综合工程，不是应急行为，杭城与西湖是紧密关联在一起的，不可厚此薄彼，特恳请朝廷批准他的西湖疏浚请示。

然而，奏折呈上去，一直没有回音，他也不知皇上是如何考量的。其间，一些圈占西湖的富豪，得知杨孟瑛要疏浚西湖，便动用各种手段，游说京城要人，设法阻止他的行动，维护自身利益。

杨孟瑛不为所动，一方面再向朝廷递交《呈复西湖状》，反复陈述理由，强调西湖要“尽行开浚，以复旧额”，耐心等待皇上批复，另一方面又公告民众，指出“先贤为民，深弘利本，特浚西湖之浸，用溉上唐之田。……但今民产，本昔官湖，民侵于官以肥家，固已干纪，官取于民以复旧，岂为厉民”，表示要拆去私人所占的河荡，宣称“如有权豪不服，或扇摇浮议，故行阻碍，致误事机，悉听察院缉拿，从重究治”。

与此同时，杨孟瑛又与同僚们仔细勘察，研议解决问题的办法。首先，无论富户如何抵抗，占湖之田必须收回，重新恢复为湖面。其次，提出拆迁方案：把豪民所占废弃寺庙的土地，收归官府，再把这些田地补偿给占湖之人，相当于现在的田地置换，并给予免除当年差徭。至于不接受置换的，还可以“酬之以值”，等于现在的货币安置办法。

一年、两年……一直等到第四个年头，明正德元年（1506）二月，疏浚西湖的工程提议，被纳入朝廷议事日程。

之后，杨孟瑛终于等到了朝廷批文，并得到拨款。

一拿到批文和拨款，杨孟瑛就迫不及待地宣布动工，并举行开工典礼，告示杭城所有人，西湖疏浚工程正式开始了！

等待批文的日子，虽然难熬，但却给了杨孟瑛精心设计西湖疏浚工程、重新规划西湖蓝图的充裕时间。

在他看来，疏浚西湖，是恢复、延续、重新打造西湖之美的前提，要在白、苏两位先贤的基础上，再立新标杆，重现西湖经典之美。

在开工典礼上，杨孟瑛宣读了开湖告谕，表示要“性知执法，心在利民”。然后，他亲自带领人员，热火朝天地干了起来。

此次浚湖，日用夫八千人，拆毁湖中私人田荡三千四百八十余亩，用银二万八千七百余两，先后两期共计花了一百五十余天，才完成了整个工程，恢复唐宋旧观。

他一方面用淤泥加固由同省先贤苏轼打造的堤坝，使苏公堤增高二丈，堤面增阔至五丈三尺，并在两岸遍植桃柳，让苏堤重新恢复“六桥烟柳”的景色；另一方面又在西里湖处，也筑起一条南起赤山埠、钱粮司岭东麓，北至栖霞岭西侧的南北走向的长堤，与苏堤并驾齐驱。

接着，他又仿苏堤，在新堤上也设了六桥，分别是环璧、流金、卧龙、隐秀、景行、浚源，俗称“里六桥”，与苏堤六桥合称为“西湖十二桥”。这就使西湖有了两条贯穿南北的长堤，如两条纵卧在西湖之西的长龙，蔚

《六桥烟柳》（出自明代《海内奇观》）

为壮观，更添西湖之隽秀。

整个疏浚和筑堤工程，不仅扩大了西湖水域，更方便了南北交通，将西湖之西的山水与众多古迹有机地联系在一起，促进了城东与湖西之间的互动，南北之间的交流，恢复了湖西一带往日的景象。差不多同时代的文学家田汝成在《西湖游览志》中称，“自是，西湖始复唐宋之旧”。他又在《西湖游览志余》中认为“西湖开浚之绩，古今尤著者，白乐天、苏子瞻、杨温甫三公而已”，对此次整治西湖予以了高度评价。

杭州百姓为感激杨孟瑛对西湖山水和杭州的贡献，遂呼此堤为“杨公堤”。

后来，清代的翟灏、翟瀚两兄弟编著西湖最早的导游书——《湖山便览》时，更称杨孟瑛“有明开浚之功，惟斯为最”。

秋来杨公堤

在竣工典礼上，杨孟瑛豪情万丈地说："余虽不才，然先贤对西湖的治理，不可在吾手中终结。清理湖泥，疏浚西湖，不光是继承先贤之志，更是让西湖与杭城共存。先贤东坡先生说，西湖如杭州之眉目，人无眉目则狰狞，杭州无西湖，则无生气，无灵气。吾等切不可废西湖，切不可做愧对祖先之事。"

接着，他又强调说："以后禁止占湖为田，不听从者，将由官府捉拿，从重处治。"

众人皆欢呼响应。杨孟瑛趁热打铁，指示用余下的工程款，修复苏公堤上的三贤祠，祀先贤白居易、苏轼和北宋隐士林逋。同时，为纪念唐时凿六井，引西湖水进杭城的李泌，增祀李泌。于是，西湖"三贤祠"改为"四贤祠"[①]。

向先贤白居易学习，杨孟瑛也撰写了《浚复西湖录》，留备后世用于治理西湖时参考。

清理了湖中的淤泥，拆了湖中的圈占篱笆，筑起了长堤，西湖之美得以重现，湖与城更加紧密。绵延环抱的群山，水光潋滟的西湖，与杭城相依相偎，湖光山色，风景如画，分外妖娆。

一天，杨孟瑛只身一人沿湖向西行走。他举目远眺，只见西天彩霞，一片绚烂，余晖越过湖西群山，洒在湖面上，照耀并行的两条长堤，十分壮观。他想，终于是在自己手中，将白、苏两位先贤打造的西湖之美重现并强化，使西湖再现昔日美景，再立新的标杆。

他内心十分喜悦，不由想起苏轼那首《轼在颍州与赵德麟同治西湖未成改扬州三月十六日湖成德麟有诗见

① 后来，为感激杨孟瑛的浚湖之功，杭城百姓又增祀杨孟瑛，成为五贤祠。

怀次其韵》中的诗句来：

六桥横绝天汉上，北山始与南屏通。

杨孟瑛心想，疏浚工作虽困难重重，非议颇多，阻力甚大，但终究完成了，也是完成了对西湖的一次伟大拯救。如果不进行这次大规模的疏浚，西湖则很可能消亡在自己的任上，那将真是上对不起天，下对不起地，也更对不起前辈先贤，对不起杭城百姓。想着，想着，他面对西湖、面对群山，自言自语道：

固不欲煦煦以市恩，亦不当屑屑以置辩。偶缘多口，聊吐一言。重惟古人，专修实德。若非任怨，奚以立功。

他知道疏浚西湖的难度，如果不任怨，也就无法任劳，最后是做不成这件事的。如今终于完成了，这对杭州，对西湖，都是一件大好事。

不过，虽疏浚西湖，功在当下，利在千秋，但杨孟瑛还是因废田疏浚，触及了不少权豪的利益。恰在明正德四年（1509），其任上，杭州乃至浙江全省遭遇大灾，他刚直的性格，铁腕治理之手段，便被人拿来说事，除那些被他得罪的富豪们联手告他的状之外，朝廷的权斗也波及了他，诬陷他“开浚无功，靡费官帑”。

次年，他还是被罢官，离开了杭州。

但杭城百姓始终没有忘记他治理西湖的功劳。他继承白、苏二贤的传统，重浚西湖，再现西湖经典之美，成为杭州历史发展的又一座丰碑。

正德年间，一位日本僧人来到杭州，对经过整治后的西湖深为赞叹，作诗云：

昔年曾见此湖图，不信人间有此湖。
今日打从湖上过，画工还欠着功夫。

纵贯西湖的两条长堤，宛如长龙飞舞，对应的里外六桥，宛如明珠镶嵌，成就了西湖的美丽辉煌。

第八章

湘湖：谱写春秋

……湘湖如处子，眡娗羞涩，犹及见其未嫁时也。

——张岱《陶庵梦忆》

勾践临湘湖卧薪尝胆发愤图强

自败于吴王夫差，不得不称臣求和之后，勾践心里很是郁闷。

虽然吴王不听伍子胥之言，发慈悲之心豁免了他，但在吴国称臣那两年所受的耻辱，也只能是打落了门牙往自个儿肚里咽，那种难受程度，是他人无法想象的。他常仰天自问，有时也举杯向众人痛哭流涕，叹气言道：“难道我此生就这样了结了吗？”

谋臣文种听到大王如此忧伤，便上去劝他说：“大王，当初，商汤被桀囚禁在夏台，周文王被纣王关押在羑里，晋文公重耳逃亡北翟，齐桓公小白逃亡莒国，最后都称霸天下。由此观之，这点委屈能算什么？”

文种之言，给他带来一丝宽心，但他对前景依然是一筹莫展，不知何时是出头之日？文种见状，又上去劝他，何不去湘湖[①]走走，散散心呢？

勾践一听，觉得是应该到大自然中去走走，看看越国的大好河山，或许，美丽的大自然会消除自己的忧闷，帮自己找到治国理政的灵感和思路。

①湘湖，古时称潘水、西城湖等。

他接受了文种的建议，吩咐手下说要去湘湖走走、看看。

湘湖位于越国之西，距离会稽城尚有一段路程，以前虽也多次来过，领略过它独特的自然风光，但每一次来的感受都不一样。此次来，滋味更是不同。

来到湖边，勾践看到湖面上那一大片的荷花，周边延绵不绝的青山，葱葱郁郁，生机勃勃，倒映在湖中，尤其是湖的秀丽景色和柔美气质，如小家碧玉一般，走在湖边，总是有一分惬意，萦绕在心头。

这不禁让他内心激动起来：越国如此大好河山，如何能为吴国之地！

看到湘湖如此辽阔，群山叠影，勾践的心情也随之开朗了起来。

他想，这片开阔的水域当是训练水军的好地方。无论是越国还是吴国，都水网密布，河道众多，水军的行动，要比陆上的行动来得便捷、迅速。越国要取胜，最终战胜吴国，不能没有一支强大的水军。

他越想越兴奋，觉得这是他可以做到的事情，为什么不做呢？

沿着湘湖边走了一大圈，勾践在湖边的一棵杨柳树下坐了下来，指着东南方向的湖面和对岸的萧然山，对文种、范蠡等诸臣说："我看可以在湘湖训练水军，这里水域辽阔，且水面多有小山、小墩分布，操练累了，可以随时上去休息一下，然后再接着操练。同时亦可在对岸的萧然山一带修筑工事，训练陆上的军队，将来是派得上大用场的。”

接着，他又指着西北侧湖口连接钱塘江的一处说：“这里是通往钱塘江的重要渡口，也要修些工事，将来可运输大队的人马渡江。”

说到此，勾践更是激动起来，又用力地挥了挥手，指着湖的东北方向说：“你们看那远处的航坞山，那里有塘，有水，有山，可修筑防坞，用于军船停靠，以遏制敌军。”

勾践领着文种、范蠡一行，沿湖继续向前走着，到了位于湘湖西南侧一处叫象山的山脚下，望了望山顶说：“我们现在开始爬山吧。”众人答道：“大王，此山虽不大，但山势陡峭，难爬亦难下，还是在此休息一下吧。”勾践没有立刻回答，他望了望山崖，发现整座山的山势呈太师椅状，颇有王气，觉得十分奇特，执意要往上爬。

爬到半山腰，勾践发现有一个洞，由两块巨石相切而成，洞口极窄，不是很深，中部狭窄，仅容一人攀爬出入，洞高十余米，洞内则是怪石嶙峋，颇有阴森恐怖之感，但里面颇大，可遮风挡雨，供日常起居和活动之用。他问了手下的人：“汝等知道此洞叫什么名吗？”

手下有人回答道：“臣听人说是叫‘老虎洞’。”话音刚落，只见从洞里蹿出一只刚成年的老虎来，众人吓了一跳，连忙后退。这只老虎并不攻击扰人，对勾践大吼三声而去。

勾践思量了许久，对众人说：“我也要成为一只老虎！”

洞口有一处四周被灌木簇拥着的小平地，站在那儿，可俯瞰钱塘江、浦阳江和富春江的三江交汇处，江河奔腾，滔滔东流，视野非常开阔。

勾践心生欢喜，回头对文种、范蠡说："此地甚好，我要在这里隐居一段时间，好好静静心，反省一下以往的过错，思考一下以后的出路。汝等回去好好看守都城，待我回来，再从长谋划国之大计。"

众人见他的主意已决，劝也无效，便遵照勾践的命令，派人取来日常用品，留下贴身近卫和侍从，帮助清理洞内外杂草后便离去。

勾践在老虎洞住了下来。躺在洞内，睡时也不铺褥子，而是铺柴火，以此激励自己，时刻不忘当年在吴国受辱的情景。在吴国的日子，说是为吴臣，实则受尽羞辱，

城山雪景

尤其是吴王夫差让自己和夫人住在阖闾的大坟旁边的一间石屋里，让自己给他喂马，范蠡则跟着做奴仆，夫差每次坐车出去，都要给他拉马。

想到此，勾践大吼了一声。然后，他特意让人弄来一只苦胆，挂在洞口上方，坐卧均可仰望。每当吃饭时，他都要亲自尝尝其苦味，以提醒自己，决不能忘了在吴国称臣受辱的日子，一定要发愤图强，强盛越国，让自己成为一只下山的猛虎，报仇雪恨。

住在老虎洞的日子里，勾践每天静坐思过之后，便出洞下山，身着粗布，头戴草帽，跟百姓一起耕田、播种，不再大鱼大肉，顿顿粗茶淡饭。夫人则带领妇女们养蚕织布。夫妇二人与百姓同甘共苦，赢得了人心，越国上下团结一致，这让勾践感到非常高兴。

一日，文种领着大臣们前来朝见他，勾践对大臣们说："我暂时不回会稽城了，除了在这里再待一阵子，还要去荏山，在那里休整一段时间。"

接着，他又对众人说："我最近发现了一种草，百姓告诉我说是叫荏草，芳香扑鼻，可以种植在湖的周边，美化湘湖，它的果实也可以用来榨油。"

文种、范蠡一行见大王的心情不错，便趁机向他提了四点建议：一是加大进贡的力度，尤其是对吴王个人的贿赂；二是加大买吴国粮食的量，使之粮库空虚；三是赠送木料，让吴王大兴土木建宫殿，耗其国力，惹民怨；四是用美人计，消磨夫差精力，让他不问政事，再设计谋、布谣言，离间吴国君臣，杀掉伍子胥，然后趁虚而入，一举灭吴，可成就春秋霸业。

勾践听后大喜，连连说："正合吾意也！君子报仇，十年不晚。饭要一口一口地吃，事要一件一件地去做，持之以恒，就能成大业。"

勾践不久便颁布"五政"，以此"用民"。"五政"的具体内容是："好农"，即褒赏农民，重视农业，努力发展经济；"好信"，促进越国文化繁荣，以文育人；实行"征人"政策，即征四方之民，增长人口，并具体规定用酒奖励生育；实行"好兵"计划，扩张军力；"饬民"，即"整饬军事、吏治、民事"，修命令，明法度，严刑罚。"五政"的核心就是大力发展生产，不断提升军队战斗力，为攻吴作好充分的准备。

为了沼吴复越，勾践"十年生聚，十年教训"，反复考量，精心谋划，费尽了心机，采取了种种措施。

终于，在公元前 478 年，勾践再度率军攻打吴国。师行之日，越国民众纷纷来到城南，进献美酒，犒劳三军。由于酒不够分配，勾践效法秦穆公，投酒于河中，与军民一起迎流而饮，可谓豪情万丈。越军士气百倍，一路长驱直入，奔向吴国，经笠泽之战，后又三战三捷，大败吴军主力，破吴都，迫使夫差自尽，灭吴称霸，以兵渡淮，会齐、宋、晋、鲁等诸侯于徐州，迁都琅邪，成为春秋时期的最后一位霸主。

湘湖是贺知章魂牵梦萦的故乡

唐天宝三载（744），自号“四明狂客”的贺知章，一觉醒来，觉得眼前有些恍惚，似乎有些精力不济。坐定之后，精神稍定了一些，眼前浮现出昨晚梦中的故乡。回到湘湖的情景，还是那么熟悉，还是那么亲切。

是啊，离开故乡，不见湘湖已有好多年头了。掐指一算，自己已八十有六了，俗话说：“人生七十古来稀。”上苍确实是眷顾自己，不光给了长寿，还让自己好好地在这个世上走一遭，做了自己应做的事情，无论是为国、为家，还是为了自己，都是如此。如今，回到故乡，回到湘湖，是叶落归根，自己是满足的，也是欣慰的。

这一年的正月初五，皇上正式批准了他的辞呈，为表彰他为大唐所作出的杰出贡献，特意为他举行了隆重的送行仪式。

这确实让他感动。在都城长安的东门，皇帝为告老还乡的他设宴送行，满朝文武皆来饯行，场面十分感人。当时，站在皇帝身后的是太子李亨，身旁是左相李适之，右相李林甫，还有三十多位“六卿庶尹大夫”，连他的忘年交、大诗人李白，好友卢象都来了。酒过三巡之后，皇帝即兴赋诗一首《送贺知章归四明》，并作序道：“天宝三年，太子宾客贺知章……朕以其年在迟暮，用循挂冠之事，俾遂赤松之游。正月五日，将归会稽，遂饯东路……乃赋诗赠行。”诗云：

遗荣期入道，辞老竟抽簪。
岂不惜贤达，其如高尚心。
寰中得秘要，方外散幽襟。
独有青门饯，群僚怅别深。

贺知章甚是感激皇帝如此体恤和表彰自己，两行老泪流了下来。

辞别皇上和众同僚、好友，贺知章动身离开长安，虽然内心依依不舍，但想到要回到自己的故乡，尤其是就要见到久违的湘湖，心里还是喜悦的，毕竟那是他魂牵梦绕的故乡。人生再漫长，离家的游子也总是要回到故乡的，那是他灵魂的故乡，是精神的家园。

回家的路程虽远，但也很近。远的是物理上的距离，近的是心理上的距离。初唐诗人宋之问曾写过一首《渡汉江》，其中有“近乡情更怯，不敢问来人”的诗句，他是读过的，也是十分熟悉的，如今自己也正是这种心情。虽然已是八十高龄了，可是，心还是像儿时一般，一腔对故乡的思念之情，永远都是那样的纯真，那样的质朴，那样的深厚，挥之不去，深藏在心灵的最深处。

自从离开故乡之后，故乡只能在梦中相见，也不知道有多少次了。这次可是真的要见到了，因此他心里想的是回家后，当为故乡再做些什么。更何况皇上因他年迈，特提拔了他的儿子为会稽司马，以便于照顾他养老，他更要用为故乡做点事的方式，回报皇上对自己的恩典。

当双脚踏上故土的那一刻，贺知章百感交集，难掩激动之情。

尽管离家已有许多年了，然而，故乡的一山一水，一草一木，都还是那么的熟悉，那么的亲切。你看，村头那棵老樟树，还是那么茂盛，与他当年离开时并无二致。儿时常去的湘湖，水还是那么清澈，山还是那么青翠，似乎一切都还是原样，没有太大的变化。

是啊，这就是自己的故乡，这就是自己的归宿，他想要沉醉在故乡的山山水水里，特别是想要在湘湖边，为自己建一座道观。

坐在马车上想着想着，不知不觉地就到了故乡。牵马的人朝他喊了一声："大人，到了您的家乡了！"

贺知章掀开马车上的窗帘一看，说："嘿，这么快，就真的到家了。"在随从的搀扶下，他从马车上下来，拄着拐杖，一步一步地向村口走了过来。

到了村口，有一群孩子在大樟树下捉迷藏，玩得很开心。见到有马车来，又见到马车上下来了一个老人，还有随从一行，就好奇地跑上去问："老爷爷好，您来我们村里，这是要找谁呀？"

听到久违的乡音，贺知章一阵激动，不禁老泪纵横。

看到老爷爷满脸是泪，孩子们不知道发生了什么，只见从大树旁走来了一位中年男子，上前双手作揖道："老人家好，您这是？"

听到更熟悉的乡音，贺知章更觉亲切，回答道："我

知章故里知章村

这是回家呀，这里就是我的家。”说着，带着中年男子和一群孩子，就往村里走去，边走边指点着说：“你们看，往里边走，就到我家了。”

中年男子虽不认识眼前的这位长者，但熟悉的乡音，让他相信这位长者就是村里的人。

于是，他赶忙快步走上去，朝所指的方向走过去，并让孩子们去找村里的族长，向他报告。不一会儿，族长也赶了过来，招呼贺知章一行先到村里祠堂歇着，又连忙让中年男子去召集族人，尤其是村里的长者，看看长者们是否认识这位远道而来的寻根者。

村里的大部分长者到齐之后，族长便请在祠堂歇着的贺知章前来相见。只见贺知章正在房里的桌上写字，见族长来了，贺知章缓缓起身，手里拿着刚写好的诗给他看，题曰《回乡偶书》：

少小离家老大回，乡音无改鬓毛衰。
儿童相见不相识，笑问客从何处来。

族长一看，连说："好诗！好诗！"然后，便搀扶着贺知章到祠堂大厅中去见乡亲父老们。

年少离开家乡，耄耋之年才回来，这就是根的联系，就是心的归宿。见到了魂牵梦绕的故乡，见到了陌生而又熟悉的父老乡亲，贺知章感慨万千：当年远走他乡的少年，终于回来了，现在已是两鬓斑白。儿童不识人，反倒将故乡人当作外来客，这又是何等的伤悲?

虽然在故乡，他不再有现实层面的家，但故乡，还是他熟悉的故乡。儿时的伙伴虽已大多离他而去，物是人非，但在他心中，这里永远都是自己灵魂的故乡。

贺知章偏爱家乡的湖，湘湖、镜湖都是他常涉足的地方。一湖碧水，总会给他带来创作的灵感，如同他在《回乡偶书》另一首中所写的那样：

离别家乡岁月多，近来人事半消磨。
惟有门前镜湖水，春风不改旧时波。

对于他来说，故乡永远不变的是情，是景，是生命的理想和情怀，这才是存留在他心灵深处最美丽的风景。

杨时修筑新湖开启东南之理学

北宋著名理学家程颢、程颐的弟子，“程门立雪”的杨时，北宋政和二年（1112），已是花甲之年，这一年他出任萧山县令。他是福建人，对南方的山山水水十分钟情。

一到衙门，杨时就吩咐手下将县志拿来，他要先对萧山的历史、文化和风土人情，有一个全面的认识。

花了一天的工夫，刚把县志看完，手下就把一份有关水患的报告，放到了他的桌上。

他拿了起来，认真地看着，报告上反映了乡民们希望将低田蓄水为湖，以灌农田的请求。虽初来乍到，对所管辖之地还不是十分熟悉，不过，他本着一贯奉行的“为政以德”“爱人节用”“节以制度，不伤财，不害民”的理念，准备在着手调研的基础上，开筑新湖，以遵行民意，践行他的为政理想。想到此，他拿起笔，在报告上写道：“解民之苦，是本县令的第一要务。”

上任的第三天，杨时便带领手下四处走访，了解县情，听取民意。当来到湖边时，见到此处风景甚好，便对众人说：“如此甚好的湖，甚好的风景，却总是闹水患，该是下决心好好治理的时候了。”

陪同的手下说：“此湖治理不同于对岸的西湖，湖中多有一些小阜、小墩、小山之类的，疏浚治理难度较大。”

杨时听了，并不理会，而是领着大家再往前走。众官员看到县令不顾岁数大，依然往前走，便紧随其后。

快到西山时，杨时在旁边的一个村庄口停了下来，与一位坐在大树下的老人聊了起来。老人告诉他，在西山之阴，那里的湖中有一片高阜之地，北面有越王城山、青山等相峙，所形成的山谷虽窄长，面积却有数万亩，如能在两列山脉端口各筑一堤，既可以蓄山水于湖中起到防洪作用，也可在旱时放水灌溉农田。

杨时听了，觉得这真是一件造福于民的大事，极为重视。考察完回到衙门后，他主持召开“集耆老会议”，请辖区内有水利经验的老人来衙门开会，广泛征求意见。然后，一方面向朝廷打报告，另一方面要求负责工程的部门“视山可依，度地可圩，可以山为界，筑土为塘”，拿出具体的工程方案，待朝廷批准和各方协调一致后，就可开工筑堤蓄水，以期从根本上解决旱涝灾患问题。

一日，有人前来禀报说：“西山下有一村庄不肯搬迁，将会影响工程的实施。”杨时听后，立马上车，亲自前往该村，做乡亲们的工作。但一些上了年纪的人就是不肯搬，他们说：“这里的风光好，依山傍水，且我们世世代代住在这里，这里的一草一木都是亲切的，为什么要搬呢？”

看到一些老人如此坚持，杨时并没有耍官威，而是以更加柔韧的方式对他们说："你们都是村里的长辈，我也理解你们的心情，你们见多识广，也应更加顾全大局，你们的搬迁，将会给四周各村带来福音，我作为父母官可以代大家给你们作揖磕头。"说着，他双手作揖，真的准备下跪。村里的人见状，立刻上前搀扶，连忙说："县令大人，使不得，使不得，我们可以考虑搬迁。"

回到衙门，杨时觉得，既要让大家识大局，发扬风格，也要对大家有所补偿，确保百姓利益不受损失。于是，他决定一方面积极向朝廷申请建湖钱粮，另一方面分别制定"湖田补偿"[①]和"均包湖米"[②]的做法，补偿百姓因搬迁而受到的实际损失，以便调动他们的积极性，把这项造福于民的工程切切实实地做好。

杨时的筑新湖工程报告，终于得到了朝廷的批准。

在各方利益都得到协调之后，杨时举行了筑湖典礼。他兴奋地说："这一天终于到来了，筑湖蓄水，为的是让大家不再受旱涝之苦，这是一项造福于民，利在千秋的工程，我们只能做好，决不能做坏。"

在杨时的带领下，大伙热火朝天地干起来了。

依据四周多小坡、小阜的特点，众人先在两山间的缺口处筑堤，修成一个中型的水库。然后，在堤各处留了 18 个洞口，使其具有调节和引水灌溉功能。所筑的堤，主要在西南和东北两处。西南处的堤，长达十余里，俗称"十里长塘"，东北处的堤，俗称"柳塘"。湖水在阳光的照耀下，清澈明净，碧波荡漾。

经过一年零七个月的施工，筑湖工程终于大功告成，形成了葫芦状的湖，面积达近四万亩，可灌溉周边及下

) "湖田补偿"要是让搬迁户随田走，原先多少田就补偿少田，并落实置。
"均包湖米"要是因湘湖水工程被淹的湖的赋粮原额由益的农田户均，以减少搬迁的纳粮税。

湘湖遗梦

游的十四万余亩农田，并且“邻县也赖以济”，大为受惠。

看到新湖已形成，杨时非常高兴。

他对父老乡亲们说：“鄙人不才，年纪也大，但既然来本县任职，就当恪守职责，尽心尽力，造福本县。如今终于筑湖成功，解决了旱涝问题，也使千万亩良田用水得到保障，且湖中可养鱼养虾，还可以种植莲藕、莼菜，既可获得好的收成，又改善了环境，美化了景观，可谓一举多得。”

依据他的建议，环湖的农民在湖中养鱼养虾，种植莲藕，还种植了莼菜。莼菜是一种性喜温暖，适宜于清水生长的植物，浮生在水面或潜在水中，嫩茎和叶背有透明胶状物质，夏季抽生花茎，开暗红色小花，其嫩叶可供食用，口感圆融、鲜美滑嫩，为珍贵蔬菜之一。后来南宋大诗人陆游品尝莼菜之后，大为赞叹，写诗和填词时，曾多次写到莼菜和其美味：“此生安得常强健，小艇湘湖自采莼”（《新晴马上》），“天公何日与一饱，短艇湘湖自采莼”（《寒夜移疾》），“寻僧独泛若耶月，携友共采湘湖莼”（《病后往来湖山间戏书》），“湘湖烟雨长莼丝，菰米新炊滑上匙。云散后，月斜时，潮落舟横醉不知”。（《灯下读玄真子渔歌因怀山阴故隐追拟》）

看来，品味鲜美的莼菜，是陆游的一大饮食爱好。他还大力推荐给好友范成大，品尝后，范成大也觉得这真是人间的一道美味，写诗称赞道：“紫青莼菜卷荷香，玉雪芹菜拔薤长。”当然，此是后话了。

看到新筑的湖，一湾清澈的湖水，波光粼粼，碧波荡漾，杨时心里真是乐开了花。

一日，临近傍晚，云霞映着落日，天边酡红如醉，他站在湖边看夕阳西下，那真是一种无法形容的美啊！晚霞在天边缓缓铺开，灿烂、绚丽、壮美。

有空时，杨时喜欢到新筑的湖边行走，看看开阔的湖面，与远山融为一体，湖光山色，水天一体。近岸成片的荷花，在明媚的阳光照耀下，争相开放，争奇斗艳。紧挨着荷花的，是一片连着一片的莼菜，一眼望过去，绿油油地浮在湖面上，给人带来一片绿意，湖风扑面吹来，真是惬意啊！

走着走着，他看看渐渐暗下来的天空，一首《新湖夜行》，就打好了腹稿：

平湖净无澜，天容水中焕。
浮舟跨云行，冉冉躐星汉。
烟昏山光淡，桅动林鸦散。
夜深宿荒陂，独与雁为伴。

杨时想给新筑的湖取个好名，但一时竟想不出究竟该用什么样的好词，想着，想着，他决定还是打道回府，多想一下吧，不要随便取个名，不然辜负了新开筑的湖，岂不是一种罪过？

回到衙门，他把自己的想法告诉了下属，让大家都来参与为新筑的湖取名的活动。此时，有人联想到杨时曾在潇湘的浏阳做过知县，便建议取名“湘湖”。

“湘湖”之名，便由此而兴，一时间百姓也因杨时筑湖，为民谋利，对他十分崇拜，后有记载这样描述道：“人人画先生形象，就家祀焉。”

不久，当地百姓合计着，干脆建起祠堂来，以“生祠”的方式予以祭祀，感恩杨时为当地作出杰出贡献。

杨时对此依然保持低调。

他一向为人谦逊，不愿张扬。对他来说，新湖筑成已是完成时了。下一步要考虑的是，如何在新筑的湖畔，开设一个书院，定期举办讲坛，传播理学思想。

作为程门弟子，传道授业，是他的人生理想。

他常对人说起在任上开设书院之事，说应当在人文教化方面，为当地百姓再多做一些事情。毕竟已到耳顺之年，为官的日子不知还有多久，现在不做，将来恐成终身之憾事。

一日，杨时找到同乡游酢，游酢曾任萧山县尉，当年与杨时一起求学拜师，同是程门弟子。杨时对他说：“老师曾要我们在南方传播理学，我们来一场合作吧，在湘湖之畔开办讲坛，传播老师的理学思想如何？”

游酢一听，大喜，答曰：“甚好，正合吾意！”

说着，两人就开始谋划讲坛的具体内容，准备择吉日，正式收徒，开坛讲学。

在老家的罗从彦听说杨时和游酢要联手开办讲坛后，即刻动身前来萧山，要拜杨时为师。

后来，杨时逢人就说：“从彦虚心好学，真君子也，我与他有许多说不完的话，十分亲密。”罗从彦也逢人就说：“我拜到了真师，先生有真学问，对我来说，听师一席话，胜读十年书。许多不解的问题，先生都会一一予以解答，让我顿时茅塞顿开，明白了许多道理。”

在杨时精心传授下，罗从彦成为杨时在湘湖讲学的第一得意门生。

杨时和游酢在湘湖之畔开坛讲学的消息，不胫而走，传播甚广。四方之士，慕名而来，会聚湘湖，东南之理学由此兴盛起来。

湘湖之美，不再只是停留在大好的自然风光上，人文之风盛起，理学广为传播，为湘湖增添了浓厚的文化内涵，自然与人文的完美融合，开启了湘湖发展的新航程。

第九章

西溪：田园咏怀

千顷蒹葭十里洲，溪居宜月更宜秋。
鸥凫栖水高僧舍，鹳鹤巢云名士楼。
薝卜叶分飞鹭羽，荻芦花散钓鱼舟。
黄橙红柿紫菱角，不羡人间万户侯。

——释大善《西溪百咏》

汪元量隐居西溪被称“仙人”

拿下南宋之后，忽必烈说对归顺的汉人，还是要予以优待的，以便收服人心，稳定大局。

听说这个消息，被迫北上，当过三宫侍从，在元廷奏琴而受到优待，后又被任命为岳渎降香的代祀使的汪元量，决意奏请南归。

他要回到自己的家乡，那里才是他的归宿，才是他真正的栖居地。

汪元量是杭州人，从小家教严格，受到良好的教育。他自幼练习弹琴，精于琴棋书画。长大后，“以词章给事宫掖”，成为供奉内廷的御用琴师，专门为皇室演奏乐曲。

南宋都城临安沦陷之后，他以宫廷琴师身份，被迫随谢太皇太后一行北上，离开故土，一路北上，目睹故国沦陷的景象，他心中有着说不出的悲凉。尤其是沿途经历了“地有一尺雪”“指堕肤亦裂”的艰难，他自言道：“书生不忍啼。”

到了元大都（今北京），他又特意将沿途所见所闻，用诗的方式记录了下来：“杭州万里到幽州，百咏歌成意未休。燕玉偶然通一笑，歌喉宛转作吴讴。”他用诗的方式，十分真实地记录了当时亡国的情景和自己悲痛的心情。

得到忽必烈的批准，得以回乡后，汪元量好不欢喜，终于可以回到自己朝思暮想的家了！在元大都，谢太皇太后去世后，宋皇室和王族分崩离析，作为宋朝子民，也算是尽到了自己对故国、故主的忠孝。毕竟朝代已更迭，乱世中能苟全性命，已非一件易事，如今能够获准回家，如何不欢喜呢？

由北往南，从元大都出发，几经周折，一路颠簸，汪元量终于回到了家乡钱塘。

一踏上家乡的土地，汪元量就来了一个深呼吸，口中念念有词道：“啊，家乡的空气是多么的清新，真是沁人心脾啊！”家人见状，急忙上去搀扶着他，迎接他回到家中。刚到家门口，他一下子就跪了下来，对着家门便磕头，然后大呼一声：“列祖列宗，我回来了！”

在家人的陪伴下，汪元量把阔别多年的家看了个遍，虽说家还在，但已无往日之情景，可谓此一时，彼一时也。新朝之下，人人小心谨慎，即便是在自己家中也不敢多言。

于是他请家人在堂屋厅中架起古琴，当着大家的面，弹了一首古曲《广陵散》。

这是魏晋时期“竹林七贤”中的嵇康最喜爱的曲子，一向以抑扬顿挫的杀伐气氛而闻名。曲的前奏清透、有序，徐徐起音，由弱至强，中间起承转合，表现了一种临危不惧、大义凛然的反抗意识。

汪元量从小阅读古书，知道嵇康身长九尺，相貌出众，气度不凡，通晓诗书词赋，精通琴艺，自小就盛名远扬，且为人真诚、豪爽、仗义，不愿与世俗为伍，超然物外，常常游走于山野之间，过着“晨兴理荒秽，带月荷锄归”的生活，时人见之，便直呼“山野之仙人也”。

后来，嵇康因为被人构陷而被司马昭赐死。赴刑场时，他神情自若，一如既往。在刑场上，他叫人拿来他一生挚爱的琴，轻抚琴弦，弹的就是这曲《广陵散》。

激越的曲声震撼心灵，让人感到荡气回肠，嵇康对众人说：“从前袁孝尼[①]说要跟我学习《广陵散》，我常常吝惜不已，如今看来是要失传了。”

说罢，他重重地弹拨了一下琴弦，仰天大笑一声，慷慨赴死。

汪元量一边弹着《广陵散》，一边泪流满面，往事不堪回首，繁华仿若一梦，世事难料，前路茫茫，他也不知道自己的余生将会往哪儿走。

家人以为他路途劳累，劝他回房休息，他则说：“吾当择日云游也。”

一开始，家人以为他只是说说而已，谁知汪元量第二天便背着琴出去云游了。一时间，家人也不知道他究竟去了哪儿。

其实，汪元量这次并没有走远。他独自一人朝西走去，先是到了西湖，在湖边随意地走着，午后，又继续往西

①即袁准，字孝尼，有俊才，为人正直，甘于淡泊，以儒学知名。

行走，来到被称为西溪的地方。

古人说，西溪之胜，独在于水。汪元量发现，西溪与西湖不同，虽然二者皆为江南水乡所造就，但西溪有一种大隐的气质。一望无边的湿地田园风光，是“虽无弱水三千里，不是仙人不到来”的好地方，更何况这是高宗十分看中的地方，差一点就要在这里建起皇宫皇城来。

汪元量背着琴向前走去，呈现在他眼前的是曲水环绕、小桥流水、花木扶疏、鸟鸣鱼跃、芦花似雪的美景。他为之一振，心想，此处当是归隐之处。

他选了一块平地，架起琴来，对着眼前的田园风光，弹奏起一支曲子来。毕竟是宫廷琴师，汪元量弹奏的琴曲，音色淳美，抑扬顿挫，极富张力，震撼心灵。

弹着弹着，他回想起当时获准离开大都时，曾与他一起侍奉宋廷的十八个宫人，在城内酌酒畅饮为他饯行的情形。

那真是让他终生难忘啊！

当时，他和众人一道击鼓弹琴，纵歌叙别，还没唱上几句话，大家便声音哽咽，泪如雨下。他赋诗道：

愁到浓时酒自斟，挑灯看剑泪痕深。
黄金台迥少知己，碧玉调高空好音。
万叶秋声孤馆梦，一灯夜雨故乡心。
庭前昨夜梧桐雨，劲气萧萧入短襟。

悠扬的琴声，回荡在西溪的湿地田园上空，也让他

西溪的水光云影，绿色如翠

的心绪，随之飘荡，寄托着他对故国、故园、故人的无限情怀。

此时，一抹夕阳已开始向树梢滑落，泛红的叶片在枝干上摇曳。汪元量觉得天色渐晚，便将琴收起，打道回府了。

家人见到他回来了，急忙上前问他去了哪儿。他回答说："就是高宗说的且留下的西溪。"

回到家乡，汪元量的心情，要比在大都宫廷里好一些。他给自己取了多个号：水云子、楚狂、江南倦客……一开始，他忙于见友人，组诗社，之后去了江西、湖南、湖北、四川等地。逛了一圈后，他又回到杭州。

然而，对他来说，因故国的逝去而造成的心灵创伤，无法挥之而去。只有在美丽的大自然中，在无限的田园风光中，他才能让心灵有所慰藉，有所寄托。

初秋的一个黄昏，雨点点滴滴，从空中飘下来，细细地织着帘子，不时地发出一阵阵沙沙沙的声音。天气已凉下来了，带着丝丝的寒意。汪元量此时正在西溪，在一家茅舍里。用过晚餐后，他便拉过一把椅子，坐在堂门边，看着天，听着雨，等着夜幕降临。雨中的黄昏，让他浮想联翩。

回到杭州后，在旅行中，他最终相中的隐居地还是西溪，那一望无际的湿地田园风光，是他最理想的隐居地。

春秋时期的隐士桀溺曾说："滔滔者天下皆是也，而谁以易之？且而与其从辟人之士也，岂若从辟世之士哉？"汪元量终于明白了这个道理。

想到这里，他不禁吟起王维那首《酬张少府》来：“晚年唯好静，万事不关心。自顾无长策，空知返旧林。松风吹解带，山月照弹琴。君问穷通理，渔歌入浦深。”是的，像王维所描绘的那样，归隐，只有在大自然中归隐，才能使自己的余生更有意义。

他决意要去做一位真正的隐士了，不再过问世事，回归大自然，在美丽的西溪田园风光中，度过自己最后的时光。

他自称“野水闲云一钓蓑”，从此出没无定，行踪无迹，后人只是在读他的诗时，发现他晚年始终是在西溪一带活动，并在一隐蔽处筑“湖山隐处”[1]，其诗《易水》云：

芦苇萧森古渡头，征鞍卸却上孤舟。
烟笼古木猿啼夜，月印平沙雁叫秋。
砧杵远闻添客泪，鼓鼙才动起人愁。
当年击筑悲歌处，一片寒光凝不流。

他的朋友、他的亲人、街坊邻居，均称他为“神仙”“仙人”。

一位杰出的宫廷琴师，爱上了西溪，隐居在西溪，终日行游在西溪湿地的田园风光里，让美丽的大自然，抚慰他那颗忧伤的心……

①据专家考证，现在西溪汪庄，即是当年汪元量的别业。

鲜于枢将西溪定格在画中

从北到南，鲜于枢刚开始真有点不习惯，尤其是江南的天气，总是时晴时雨，没有北方的天气那样来得爽，来得干脆透彻。然而，来到江南，寓居杭州之后，这里的一草一木，这里的山山水水，终成他的最爱。

在《范宽雪山图》中，鲜于枢自言道："我家汴水湄，境与嵩华邻。平生亦有山水癖，爱而不见今十春。他日思归不可遏，仗藜载酒来敲门。"

有着北方人基因的鲜于枢，身材魁梧，一脸浓密的胡须，人称"髯公"，号困学民、直寄老人。他为人豪爽、仗义，热心肠，与他同时代的诗人柳贯这样描绘他："面带河朔伟气，每酒酣骜放，吟诗作字，奇态横生。"后来，他的挚友赵孟頫在他去世后写的《哀鲜于伯幾》诗中，也有一段对他的生动描写，形容他是"气豪声若钟，意愤髯屡戟。谈谐杂叫啸，议论造精核"。

寓居杭州后，鲜于枢除了常去西湖边转转外，去得最多的就是西溪。

一日，从西溪归来后，他就给自己又多添了一个"西溪”号。从此，无论是在家中，还是在与朋友的雅集中，他都对西溪赞不绝口，说西溪有着最美丽的自然田园风光和深厚意蕴。

在一次聚会上，朋友问他：“你总说西溪好，西溪美，但究竟是怎样的好，又怎样的美？”

他绘声绘色地对朋友描绘道：“最近一段时间，我就常常去西溪。比起西湖来，西溪虽说远了一点，但乘着小舟优哉游哉，穿梭在芦苇丛中，躺在小舟上，遥望着蓝天，让思绪随云而游，十分惬意。”

朋友问道：“你从何处乘舟去游西溪？”

他介绍道：“自松木场起，乘小舟，至留下止。沿途水网密集，河道四通八达，一路上溪光杳霭，芦苇密布，芦花飘香，引人入胜。尤其是秋日去，至南漳湖，蒹葭满目，曳素百顷，皑若白雪，好不壮观，好不自在！用三个字来形容西溪，便是‘清’‘净’‘静’，它是最原始、最自然、最美的田园风光。”

他向朋友表示，要作一幅西溪全景图，要将西溪永远地定格在他的画中。

寓居杭州，鲜于枢虽做过元朝的官，但官位都不高，常赋闲家中，有时间与江南的文人骚客们雅集，使得他的艺术才能得到充分发挥。书法、写诗、填词、谱曲、弹琴，他样样精通，有人评价他“所作散曲，以《八声甘州（江天暮雪）》一套，最为著名”。

鲜于枢还长于绘画。他邀朋友雅集，常常是高朋满座，朋友作诗称赞道：“脱身轩冕场，筑屋西湖滨。开轩弄玉琴，临池书练裙。雷文粲周鼎，鹿鸣娱嘉宾。”

既然在朋友面前夸了海口，那就要画一幅心中最美的西溪图。

鲜于枢特意选了秋日的一个好天气，背上一把古琴，一大早就去了西溪，为的是要把西溪游个遍，获得全方位的视角，要将一个美丽田园风光的西溪，一个文化意蕴深厚的西溪，永远定格在画中。

游走在西溪，不论是在小舟上，还是在田间的小道上，他从不觉得累。一望无际的湿地，让他心醉，乐不思归。实在是倦了，就在田头的平地，在树下，架起古琴，弹琴解乏，让悠扬的琴声，驱走行走的疲劳，也让发自内心的声音，在优美的湿地田园风光中，随琴声一道回荡。

回到家中，在他的困学斋里，他创作了不少西溪题材的画。只要朋友来索要，他便奉送。

他实现了自己的承诺，在困学斋，完成了西溪全景图的创作。

好友赵孟頫闻之，对他说：“我来为这幅西溪全景图题一首诗吧。”

鲜于枢鼓掌道：“好，好，甚好！此乃珠联璧合也！兄之大作，将为这幅画画龙点睛！”

赵孟頫接过鲜于枢递过来的笔，在画的一角题写了一首诗：

山林忽然在我眼，揽袂欲游嗟已远。

诗意西溪

长松谡谡含苍烟，平川茫茫际曾巘。
大梁繁华天下稀，走马斗鸡夜忘归。
君独胡为甘寂寞，坐对山水娱清晖。
西溪先生奇崛士，正可着之岩石里。
数间茅屋破不修，中有神光发奇字。
绿蘋齐叶白芷生，送君江南空复情。
相思万里不可见，时对此图双眼明。

诗与图，堪称绝配。西溪的美景，西溪的气质，西溪的品格，尽显其中。

两人惺惺相惜，相互称道。

清新、朴实、淳厚、生机盎然，西溪全景图是一幅自然与人文之美相融的传世佳作。

西溪，是鲜于枢的挚爱，是他灵魂的宿地。开阔的湿地，美好的田园，无限的风光，总是让他流连忘返。

初冬的一日，他又一次来到西溪。

尽管已是来了无数遍了，但他从来就没有感到厌倦，依然还是看不够，走不够，欣赏不够。

他忽然想起自己曾写下的那阕《念奴娇·八咏楼》

的词来：

> 长溪西注，似延平双剑，千年初合。溪上千峰明紫翠，放出群龙头角。潇洒云林，微茫烟草，极目春洲阔。城高楼迥，恍然身在寥廓。　我来阴雨兼旬，滩声怒起，日日东风恶。须待青天明月夜，一试严维佳作。风景不殊，溪山信美，处处堪行乐。休文何事，年年多病如削。

坐在西溪河道的边上，他想到自己已近花甲之年，身体也大不如以前，上苍给自己的时间恐怕不多了，当是要好好地想想自己的身后之事了。

漫步在西溪的田野上，他想，自己如此钟情于西溪，早已将它永远地定格在自己心中，也定格在了自己的画中，那么，自己这把身子骨，就也与西溪相伴，与西溪共枕眠吧。

元大德六年（1302），鲜于枢病逝于杭州。

家人遵其遗嘱，将他葬于西溪，让他永远地陪伴西溪，也为后人留下了一段美丽的传说。

厉鹗用词呈现西溪的意境

“溯溪流云去，树约风来，山剪秋眉。一片寻秋意，是凉花载雪，人在芦漪。”在厉鹗的眼中，这才是西溪独有的意境。那一汪风月，那黛山曲水，有着千年灵秀，其情，其境，唯独诗词，才能呈现出来。

作为“浙西词派”的中坚人物，“江西词派”的首提者，厉鹗在词界的地位一向很高，颇受推崇。在他看来，唯有词，特别是那些婉约的词，才最能把人与自然对话而生成的独特意境，表现出来，传达出来。而他本人创作的词，也是以其独有的“清”与“雅”之意境而著称的。

在词的艺术与审美特征上，他认为，词与诗不同，如果说诗的意境是浑厚的、浓郁的、豪情开阔的，那么，词就是幽隽、清绮、婉约淡雅的。这样才能将心灵深处的那种不可言的体悟和意蕴，通过词的独特意境呈现出来，呈现出不沾俗态的自然清纯、美学品格和独特境界。

虽然经过几次考试，也曾多次被举荐过，但厉鹗却始终未能考上进士，未能踏上仕途。

由于性格孤僻，不谙世事，几次落第，让他逐渐断了科举进仕的念头。清乾隆元年（1736），他和密友杭世骏等十八人，都被浙江总督程元章举荐参加博学鸿词考试。然而，由于他自己的失误，再次名落孙山，这下厉鹗彻底断了科考的念头。得知结果后，众人皆为他惋惜，而他只是淡然一笑说道：“吾本无宦情，今得遂幽慵之性，菽水以奉老亲，薄愿毕矣。”

多次科场受挫之后，他的“宦情”日淡，却更加向往大自然，向往田园风光。他在诗中吟道：“性拙见山喜，匹如故疾失。”又称道：“余拙谢百事，抱影寄空村。”

秋日芦花

厉鹗家境贫寒，加之父亲过早离世，使他早早体悟到了世态的炎凉。他还几次差点被哥哥送往庙里出家做和尚，只是厉鹗自己坚持不肯就范。他勤奋努力，广泛涉猎，“于书无所不窥，所得皆用之于诗”，使他“读书数年，即学为诗，有佳句”。虽进入了诗词界，在文人圈里结交了不少朋友，也有欣赏自己诗词的要好文友，但他还是觉得与大自然相伴最为舒坦，最为开心，只有沉浸在大自然的怀抱中，他才会感到格外轻松，格外自然，故他酷爱出游，每“遇一胜境，则必鼓棹而登，足之所涉，必寓诸目，目之所睹，必识诸心”。

在杭州，他去得最多的，除了西湖外，那就是远一点的西溪了。

出游西溪，每一次都会让厉鹗感到是一种心灵的洗礼，全身心的放松，灵魂也会随着湿地田园风光而放飞。漫步田野，吟咏风光，给他带来了极大的乐趣和审美的慰藉。

他觉得，西湖虽美，但过于精致，没有西溪的野趣和清新自然，而在西溪，会发现一种独特之美，一种旷野之美。无论是晴西溪，还是雨西溪，无论是春日的西溪，夏日的西溪，还是秋日的西溪，冬日的西溪，四季各有各的特色，各有各的韵味。无论白天一望无际的西溪，还是夜色朦胧的西溪，那种四时不同，却皆是大美的湿地风光，那种野趣横生的曼妙意境，才是他心向往之的宿地。

一年深秋，厉鹗特意选了一个天高气爽、风日清霁的日子，独自一人，又去了西溪。

他先来到西堰桥，招手唤来了一艘小船，一路经过秦亭、法华、湾洄，最后到了西溪的河渚。

一路上，他看到漫野的秋芦作花，不论是远近缟目，还是回望诸峰，其景，其境，其韵，皆是“苍然如出晴雪之上”也。

他早就知道西溪历来庵多，无际的芦花似纷纷而下的雪花，飘落在庵顶上，以“秋雪”冠庵名，不也是一种独特的意境吗？

他走进一座庵内，里面并无僧尼。

于是，他干脆把自己当作是一僧侣，躺在庵外一个长条的石凳上，望着深蓝的天空，让自己的思绪随朵朵的白云飘荡。啊，真是惬意，人生难得如此之幽静：四周的旷野，并无人马喧嚣，唯闻船夫划船的棹声，在河道中掠波而驶。湿地四周，蒹葭隔水，霜涵镜中，真让人感到“绝去世俗”。

他静静地躺着，一直到天色渐暗，便找了一家田舍住了下来。

夜晚，更是人静，四周悄然，他以一阕《忆旧游》的长短句，把此日游西溪的情景和心境记了下来：

> ……正浦溆苍茫，闲随野色，行到禅扉。　忘机。悄无语，坐雁底焚香，蛩外弦诗。又送萧萧响，尽平沙霜信，吹上僧衣。凭高一声弹指，天地入斜晖。已隔断尘喧，门前弄月渔艇归。

厉鹗始终认为，填词是呈现西溪绝佳意境的最好方式。

他的诗虽然也得到众文友的推崇，尤其是当年写西溪的那首诗《西溪晓起》，就流传甚广，颇受赞许。还有那些写西湖的诗，像《晓至湖上》《雨后坐孤山》《早春登孤山四照亭》《早春游湖上圣因寺四首》《雨中泛舟三潭同沈确士作》等，都在文人圈中流行，但他见到文友，还是要说："写西湖，最好是作诗。诗之浑厚意境，最能呈现西湖的天人合一，而写西溪，则最好是填词。词之幽静意境，最能呈现西溪原始质朴之自然意趣。"

在他看来，西溪，虽远离市廛，可不闻尘嚣，或一人独处，或邀三两好友，在幽静地僻之处，闲看云卷云舒，静观潺潺流水，在云水乡中的浦溆深处，"忘机。悄无语"，静观万物而得自然之野趣，或许悟得生命之无穷意蕴。

所谓意境，是心灵情感与大自然应和之状，如他在《念奴娇》的那阕词中写的那样：

孤舟入画，怪人间、谁写渔朋鸥侣。起坐不离云鸟外，倒影山无重数。柳寺移阴，葑田拖碧，花气凉于雨。诗成犹未，远蝉吟破秋句。　忽记身是行人，劳君把酒，暂揖湖光去。共惜风亭今夜笛，月逗离声前浦。千里幽襟，一堤野思，终拟将家住。甚时携手，水荭摇曳烟路。

西溪的山山水水，花草树木，芦苇浪花，重重叠叠，游在其中，宛如画中，好不惬意。庄子曰："天地有大美而不言。"词的意境，在厉鹗的笔下，无一不呈现出西溪四季的自然景观、人情风物及其变幻之美。

天地之大美，既在自然的景物之中，也在生命之美的体悟之中。厉鹗以词的方式，呈现西溪之独特意境，不喧嚣，不奢华。

西溪武坊

整个的西溪意境，就在这种静谧的野趣中，有一种超越俗世的意义：但见花开花落，不问人是人非。只在西溪的湿地、田园风光中，任浮云飘散，任日影西斜。倦了，或坐田头，或立河边，或在树荫下，清风入怀，清茶一杯，消了时空，消了日夜，消了季节。观山色，不语；听流水，不言。

“芦锥几顷界为田，一曲溪流一曲烟。记取飞尘难到处，矮梅下系庳篷船。”心中有了意境，则无处不西溪，西溪也无处不意境。

厉鹗喜爱西溪，最终也留在了西溪。

他去世后，初葬于西溪法华山之王家坞，后移至城门外牙湾的黄山谷祠。清道光八年（1828），又移至西溪的交芦庵。

虽然他的一生未入仕，未大富大贵，但是在西溪的田园风光里，他找到了心灵的归宿，找到了生命的皈依，也为西溪着上了一道亮色，以词呈现出了那无法言尽的西溪大美之意境。

第十章

运河：黄金水道

四年春，正月乙巳，诏发河北诸郡男女百余万，开永济渠，引沁水，南达于河，北通涿郡。

——《隋书·炀帝本纪》

杨广修运河执意定杭州为南终端

称帝后，杨广执意要修建大运河，以便更有效地治理统一后的中国。

在他看来，汉之后，国家四分五裂，虽然北方依然是国之中心，但长江以南的大片国土，也得到了长足的发展，甚至成为经济的中心，而西晋“永嘉之乱”导致大批北方士族南迁，大大促进了南北文化的交流，使越来越多的人向往南方，尤其是向往江南，那可是一方富庶之地。

杨广清晰地记得，在扬州运河看到水运南粮到北方的壮观景象，深知修建一条贯通南北的大运河的重要性。他认为，加强南北方的联系，修建一条贯通南北的大运河，就可以有效地把国都与经济中心连接起来，使其成为黄金水道。

坐在龙椅上，想到此，他一时兴起，猛地拍了一下桌子，忽然站了起来，并大声道：“就这么定了！”

前来上早朝的几个大臣，一时茫然，不知皇帝要干什么，皆惊慌失措，侍从也不知出了何事，急忙上去搀扶，然而，杨广却大笑，对众臣说："我刚刚想到要办一件大事，等众卿到齐了，我就正式宣布。"

几个老臣，忙问道："陛下，如今天下一统，国泰民安，还要办何等大事呢？"只见杨广说："你们先别急，众卿到齐后，我们就开始办了！"说着，又击桌仰天大笑。

早朝开始了，杨广正式宣布了修南北大运河的决定。

一时间，众臣议论纷纷，有说好的，有说太突然了，也有说一统天下时间还不长，国力可能不够，何况周边还不安宁，应将国之稳定和民生问题置于首位。

见众臣七嘴八舌，说个不停，杨广从龙椅上站起身说："众卿不要再说了，修建运河，是把前人所建的和现有的运河连通，先帝不就是这样做了吗？大家没有忘记吧。早在开皇四年（584），先帝就修建了从潼关到长安的引渭水开凿的广通渠，开皇七年（587）时，又开凿了山阳渎。再说，早在春秋时期，吴王不就以其都城为中心，在太湖平原修建了多条运河吗？秦一统后，也修建过灵渠，并在古运河的基础上，修建了北起丹徒，南到余杭的水道。后来，东吴和东晋也多次对这条运河水道加以疏浚和整修。所以，朕今天要做的，只不过是要将这些各自为政的运河打通，串联在一起。所以，向众卿宣布朕的决定，不是讨论修不修建的问题，而是要将运河的南终端定在哪里的问题！"

杨广说完，满朝文武又是一阵议论。

众臣中，说哪儿的都有，但随着议论声渐渐小下来，大多数意见是主张定在余杭（即余杭郡，今杭州）的。杨广便趁热打铁说："众卿的意见正合我意。余杭是个好地方，是连接江南各郡的中心枢纽，将运河的南终端定在余杭，十分有利于江南与北方各郡的联系，有利于南北物资的集散和运输。众卿都同意运河的南终端定在余杭，说明众卿是了解朕意的。”

杨广挥了挥手对众臣说：“就这样定了，余杭，余杭，就是运河的南终端。”

隋朝建立后，隋文帝杨坚废郡为州，杭州之名开始出现。为了扩大区域，杨坚还把钱唐、富阳等六县城都归入杭州。杨广虽然将他父亲曾改的州又改回郡，但杭州在他心中的地位还是很高的。此时的杭州，虽已改置为余杭郡，却不损其地位的重要性。斥巨资开凿运河，将南终端定在余杭，旨在先把江南大大小小的运河贯通，然后与北方运河相连接，以利南北的交通，也便于统治。

在杨广的心中，余杭无疑是江南的中心。

他曾是一个文学青年，早就从南迁诗人的诗中，读到了江南的韵味，他特别喜欢开创作山水诗之先河的谢灵运。因此，他对众臣说：“客儿[①]的山水诗，写得实在是太好了。你们读他的那首《登江中孤屿》，其中对江南的山水歌咏，写得真是好，其中‘云日相辉映，空水共澄鲜’两句，就是把江南山水景色写绝了。还有他的那首《富春渚》，就将富春江的景色写得如诗如画，其中‘定山缅云雾，赤亭无淹薄。溯流触惊急，临圻阻参错’的诗句，把富春江的山水描绘得生动形象，宛如画中游也，让人钦佩不已。所以说，定余杭为南终端，把江南的山山水水贯通起来，也是为了将来更好去巡游江南。”

对于杨广来说，谢灵运简直就是他的偶像。

① 谢灵运小名。

除了山水诗写得极佳之外，谢灵运对佛学也颇有研究，翻译了不少佛经，是一位造诣很深的佛学家，还创作了许多有佛禅意蕴的诗文，颇有影响。同时，他还是一位酷爱旅行的旅行家，爱玩，又擅玩，游过不少名山大川，且又博览群书，工诗善文，擅长书法。宋文帝（刘义隆）当朝时，就非常欣赏他的书法，后任命他为侍中，每天早晚召见他，称他的文章和墨迹为二宝。

杨广在未登基时，就常与友人说起谢灵运，觉得自己在许多方面与他都很相像。说自己向他学习，创作诗歌，像后来流传甚广的《春江花月夜》《夏日临江诗》《喜春游歌》等，都是山水诗。只可惜与谢灵运不在一个时代，不然说不定能成为好友呢。

同谢灵运一样，杨广笃信佛教，早先为晋王时，就亲自迎请名僧智𫖮授菩萨戒，并尊称智𫖮为智者。称帝后，建了不少的寺庙。他同样酷爱旅游，曾与周围的人说要像谢灵运那样，去游历名川大山。

为修建大运河，杨广征发了数百万军士徭役，先是疏浚了从春秋到南北朝时期各个王朝留下的和未修完的旧河道。他豪情万丈地宣布，要在他的带领下，在华夏的大地上，筑起一条打通南北的黄金水道。

大业四年（608），杨广就开凿了永济渠，使得通济渠向北延伸，并利用沁水河道，南接黄河，北通涿郡（今北京）。大业六年（610），他修建了江南河，从京口（今江苏镇江）穿过太湖，直达钱塘江边的余杭。整个大运河修建工程，沟通了钱塘江、长江、淮河、黄河、海河等五大重要的水系，建成了以东都洛阳为中心，西通关中的八百里秦川，北至一望无际的华北平原，南到鱼米之乡环太湖流域的富庶江南，长度达到上千里的大运河。

大运河

一条荫泽万代的南北大通道，像一条巨龙，贯通华夏大地之南北，交互便利，极大地方便了南北交通，成为一条举世闻名的黄金水道。

借漕运之利，富庶江南，美丽杭州，更是富甲天下。

大运河沿途，有着像杭州、苏州、无锡、扬州等名城，围绕这些名城，周边的名镇，像塘栖、乌镇、新市、南浔、周庄、同里、木渎等，也发展起来了。尤其是杭州，由一个“成陆未久，江海水泉咸苦”的小郡县，发展成为江南，乃至整个东南的交通枢纽、集散中心，成为繁华的都市。

滔滔运河之水，流淌着岁月的时光，见证着历史的功与过。

无论后人如何评说，大运河都是华夏大动脉，黄金大通道，贯通南北，福泽万代。

康熙乾隆下江南大赞运河风光美

人人都说江南好，上有天堂，下有苏杭。苏杭究竟是什么模样呢？

康熙皇帝一觉醒来，忽然觉得，该是下江南的时候了。

以前总是说要去看看，但又总是事务缠身，走不开。想想自己八岁登基，十六岁亲政，似乎一直都是在忙乎着。每当读到白居易著名的《忆江南》中的两首：“江南忆，最忆是杭州。山寺月中寻桂子，郡亭枕上看潮头。何日更重游。”“江南忆，其次忆吴宫。吴酒一杯春竹叶，吴娃双舞醉芙蓉。早晚复相逢。”读到王安石的“春风又绿江南岸，明月何时照我还”两句诗时，心里都是痒痒的。自己是一国之皇帝，巡视江南，乃天职所在。江南的大好河山，一定要去巡游。如今江山已定，政局已稳，国泰民安，风调雨顺，该是最佳的时间了。

一日，他对侍从说：“传令下去，朕要下江南。”侍从得令，急忙传令下去，要各部行动起来，为皇上下江南做好准备。

在侍从将一切安排妥当后，康熙二十三年（1684）

九月，康熙开启了第一次下江南的巡游。

皇帝第一次巡游江南，各部、江南各省都不敢马虎。康熙不远万里，亲阅河工，亲临清江府、淮安府、江宁等地，领略了运河沿途各省，以及江南一带的大好风光。

御船一路沿大运河南下，沿途风光尽收眼底。

到了江南一带，康熙走出船舱，站立在船头上，观看江南一带如诗如画的美景。映入眼帘的是杨柳依依，绿草茵茵，到处都呈现出一派“杨柳青垂驿，蘼芜绿刺船”的江南水乡景象，康熙心中甚是欢喜。

他对陪同的大臣和各省巡抚说：“前人诗词描绘的江南大好风光，果然是名不虚传，朕虽来晚了，但还是来了。这次来了，下次还要来。”

江南绿柳

众臣们附和道："那是，那是，白乐天词云：'江南好，风景旧曾谙。日出江花红胜火，春来江水绿如蓝。能不忆江南？'陛下一定要多来。"

让康熙最难以忘怀的是江南的诗意、江南的韵味、江南的文化。

他对侍从说："朕下次得安排时间去杭州，那是运河的南终端，一定要去看看那里的运河风景，看看被称为天堂的大好风光，也将大运河南北终端风光作一个比较，看看各自的韵味，究竟有哪些不同。"

康熙二十八年（1689），他又一次下江南。

他特意选了正月的日子出发，要去看看江南春天的味道。

浙江的巡抚得知皇上要来，指示杭州知府，要在运河修建御码头，切不可大意马虎。

杭州知府得令后，赶快行动起来，亲自带领一行人马来到运河边，勘察设御码头的位置。

知府一行先是去了热闹的卖鱼桥码头，在这里建御码头肯定不行，然后，到了香积寺的附近河岸。这里地势开阔，景色怡人，河道笔直，两头视线极佳，无论远望还是近观，都十分养眼。两岸树木茂密，像一排整齐列队的士兵，气势不凡。近岸的河道，水深且沿岸道长，又幽静隐蔽，便于大型和大批船只停靠，也利于安保，上岸就是一个平地，适合大批人马集散。

知府一行决定选址于此，接着就紧锣密鼓地开工，要赶在皇上来巡游之前完工。

很快，御码头就修建起来了。巡抚、知府都松了一口气。

他们开始想象皇上来杭时的情形：皇帝一行乘坐御舟，沿运河黄金水道，一路南下，威风凛凛，好不气派。进入杭州境内，该是从塘栖镇由北而南，此时船队开始缓缓减速，驶往御码头停靠。皇上走出船舱，凭栏远眺，不顾一路疲劳，尽情地欣赏杭州的大好风光。沿途早已安排好了欢迎的队伍，御舟一进御码头水域，只见彩旗飘飘，又闻山呼万岁之声，响彻御码头上空。

“皇上来了！是沿运河一路南下而来的。”皇帝第二次南巡就来到杭州，这一消息传遍整个杭城。

巡抚、知府带领众官员与长长的迎接队伍，在御码头等候接驾，恭候皇帝一行的大驾光临。

御船一行进入御码头，那盛大的欢迎场面，令康熙欢喜不已。

在对杭州视察时，康熙得知，这条纵贯南北，绵延数千里的大运河，进入南终端杭州后，汇纳了中河、东河等诸多河网水系，不仅形成了“运河水乡处处河，东西南北步步桥”的运河独特的自然风景，也使整座城市有了一种流动美。

繁忙的水运交通，既促进了杭州的对外交流，繁荣了社会经济，也孕育出许多与运河相关的人文景观，使整座城市有着一种动感，一种活力。像横跨运河的石拱桥梁，沿岸十里银湖墅的灯火，卖鱼桥码头集市的繁忙，以及每逢节日的喜庆场景，如闹元宵的赏灯、端午节的赛龙舟、中秋节的水上赏月，造就了钱塘杭州的昌盛繁华。

返程时，康熙一再对巡抚、知府和众官员说："杭州是个好地方，运河的风光美，朕还会再来。"

康熙真是爱上了江南，爱上了杭州。

康熙三十八年（1699），他又想起要下江南，要去苏杭一带巡视。

御船一行，再次驶到杭州，同样是停靠在御码头。

下船后，面对着前来接驾的文武官员，康熙说："一路乘舟而来，甚是便利。京杭大运河是国之大动脉，南北黄金水道，风光秀丽，景色怡人，文化厚重，汝等务必要精心维护，确保大运河的通畅。"

众官员齐声应诺，表示一定会恪守职责，保证大运河通航的顺畅。

康熙这次巡游江南，特别是巡游杭州，与前两次的心情是不同的。

康熙这次下江南，更多的是游，待在杭州的日子要多一些，去了不少的地方，对杭州大加赞赏。他对众官员说："朕前两次下江南，其实并没有好好地把江南，把杭州看个仔细。前人都说江南好，尤其是在他们的诗词中，把江南的风光真是写绝了，果真是名不虚传，真不枉此行也，下次还要来！"

回程北上的路上，康熙兴高采烈，心情喜悦，即作诗一首《己卯南巡视河工回跸》：

行遍江南水与山，柳舒花放鸟绵蛮。
明朝又入邳徐路，凤阙龙楼计日还。

康熙用诗歌表达了他对江南风光、对杭州风韵和风情的由衷赞叹。

这次下江南，他在杭州留下了诸多的题词、诗文。尤其是那首登吴山后写的诗：“左控长江右控湖，万家烟火接康衢。偶来绝顶凭虚望，似向云霄展画图。”把运河黄金水道为杭州带来的繁华和美丽，表现得淋漓尽致。

回京城后，他仍是念念不忘再下江南，再来杭州。大运河黄金水道带来的交通顺畅，为他下江南带来了极大的方便，可以来一场说走就走的巡游。

后来，他分别于康熙四十二年（1703）、四十四年（1705）、四十六年（1707），下江南，既是为了事务性的工作视察，也是为了巡游欣赏杭州、运河的大好风光。这不仅大大地提升了江南在国家事务中的重要位置，也提升了江南，尤其是康熙连去五次的杭州的知名度和美誉度。

后来，他的孙子乾隆，也效仿爷爷，六次下江南。每次也大致循着爷爷的路线，沿大运河一路乘御船南下。每次到杭州，也总是在御码头下船，然后由众官员陪同到城里，可谓是“爷规孙从”。

大运河黄金水道为他追随爷爷的足迹，提供了便利，更何况他也像他爷爷那样，热爱江南，热爱杭州，其狂热程度丝毫不逊于他爷爷。同样在江南，在杭州留下了他诸多的足迹，留下了他的题词，他的诗文。

贯通南北的大运河，记载着悠悠岁月的点点滴滴，映衬着历史年华的波澜壮阔。

漕运总督梁肯堂说水运关联国运

作为农耕文明古国，水运对于华夏而言，一直都占有重要的位置。

早在春秋战国时期，吴国就开凿了胥溪、邗沟、黄沟三条运河。自胥溪开凿完成后，吴国人就可以东自太湖，沿胥溪而西上，一直到今芜湖附近后转入长江，再渡过长江往北，沿栅水到巢湖一带，北入淮水，进而也可沿水路到更远的北方各省。因此，水运不仅具有重要的经济价值，也有重要的社会、军事价值，并为沿岸各地带来文化的交流，形成运河独有的人文景观。

在未被任命为漕运总督之前，在京城做官的杭州人梁肯堂，就深知水运的重要性。他常常与人说，运河是国之大动脉，水运关联着国运。水运昌，则国运昌。虽然他以前做的官，似乎与水运没有关系，但是，他知道国家发展离不开水运。自大运河修建以来，历代都重视运河的漕运，任命漕运官员负责漕运。

三十七岁时，梁肯堂离开家乡杭州，去了京城。清乾隆二十一年（1756）在顺天的乡试中举，补直隶栾城县知县。他觉得施展自己的抱负的时机来了，下决心要抓住机会，显示自己的才华，不负自己的苦读生涯。

在知县这个位置上，梁肯堂干得十分出色，政绩突出，颇得时任闽浙总督杨廷璋的赏识，杨总督因他“贤能之声久达天聪，又能宽猛相济”，向朝廷大力举荐。由此，他一直升迁，历任蓟州、深州知州，保定府的知府，升清河道。后来，擢山东按察使。清乾隆五十年（1785），任直隶布政使，五十四年（1789），升任河南巡抚，五十六年（1791），被授为直隶总督。清嘉庆三年（1798），他升任为刑部尚书。

梁肯堂生长在江南水乡的杭州，儿时就常与伙伴们在运河边玩耍。到了京城之后，在与同乡的聚会中，他常常谈起自己在运河边玩耍的情形，说运河边的卖鱼桥，是“十里银湖墅”最繁华的码头：南来北往的货物都在此集散，做买卖的吆喝声接连不断，那一家家紧挨着的商铺，那成群停靠的船队，都是他小时候最喜欢去的地方。

一次聚会上，他与同乡聊起卖鱼桥的来由。

他说，小时候从大人口中获知，那里聚集了杭嘉湖一带的水产品生意，是杭城著名的鱼市。宋朝诗人许彦国在《晚宿江涨桥》一诗中写道“江城悬夜锁，鱼市散空船”，说的就是鱼市的繁忙景象。每天都有挑着担子、划着小船的鱼贩到这里来，又从这里卖到杭城各处，故有“武林门外鱼担儿”之说，卖鱼桥的名字当与此有关。

他接着说，后来大了，读到陆游的“偶驾鸡栖送客行，迢迢十里出关城。谁知小市萧条处，剩有丰年笑语声”的诗时，更是领略了卖鱼桥的繁华气象。

记得在卖鱼桥的东边，有一座江涨桥，横跨大运河。

钱塘江潮水可涨至此。湖墅八景之一的“江涨渔火”，说的也是这里。江涨桥与华光桥，在这里形成八字式，河面开阔。入夜，蟹火、渔灯，如繁星点点，辉映岸上，故又称“江桥渔火”。而暮雨潇潇之时，更富诗意，更有趣味。每年从正月到清明前，大批的香客从这里上岸，到天竺灵隐去上香，形成了运河的集散中心。

看到大家都聚精会神地听他讲运河的故事，梁肯堂越发兴奋，接着又绘声绘色地描绘小时候在运河边看戏的场景，说那也真叫个热闹。拱宸桥边就有一个茶园，里面有戏台，许多戏曲名伶都在那里演过戏。当时他是

江南运河杭州段

小孩子，在人群里钻来钻去，挤到最前面，盘腿而坐，虽然不知道唱了些什么，但舞台上传出的悠扬戏声，婉转曲音，演员表演的优雅身姿和动作，都在他的脑海中，留下难忘印象。

他还说起运河祭神的故事，说小时候常常跟大人去运河边祭神。当时祭神有两种形式：一是在家中祭祀，二是到庙里祭祀。不管哪种形式，都很神圣、庄重。平时庙里要算财神庙的香火最旺，而到大年初一、十五，刚过午夜，鞭炮声就不停地响起，震耳欲聋。记得小时候一听到鞭炮声，他就赶紧用双手捂住耳朵，怕震掉耳朵。

梁肯堂对运河的描绘，勾起了在京城的同乡们对运河、对家乡的怀念。一时间，大家热泪盈眶，都说忘不了运河，忘不了家乡。

对水运重要性的认识，梁肯堂要比其他官员来得深刻。他曾在诗中写道："踪迹真如不系舟，堂堂光景速于邮。"着重强调了这一点。后来，他曾补授直隶通永道，负责督治河道的工作。任直隶总督时，他已是高龄官员了，但皇上考虑到他在治河和水运方面经验，仍然重用他。

水运是国之大事，他深知来不得半点马虎，每次都是自己去亲自督办。

清乾隆五十七年（1792），永定河堤破损严重，需要加固修筑，不然就会影响水运，造成严重的后果。他不顾年事已高，亲自审定加固案，调配物资，集合人马，对负责的官员说："永定河是海河流域的水系，并与北运河汇合，涉及京城的交通，这可不是一项单纯的加固工程，一定要确保水运通畅，汝等务必高度重视，精心施工。"

说完，他指着永定河道图接着说：“你们知道，永定河上游流经黄土高原，含沙量大，历来有‘小黄河’‘浑河’之称，而下游的河道，又因泥沙淤积，形成地上河，且游移不定，时而洪水泛滥，时而干涸成块，被称为‘无定河’，常给流经区域带来灾难。治理永定河，至关重要啊！”

清嘉庆元年（1796），他八十寿辰时，嘉庆皇帝特赐御书“耆寿宣勤”匾额，题“封圻著绩征嘉瑞；节钺升猷引大年”对联，表彰他的功劳。

嘉庆二年（1797），永定河水暴涨，严重危及已加固的河堤。梁肯堂闻之，又是亲自前往督工，吃住在工地。一日，天色昏暗，暴雨如注，河水湍急，波涛汹涌，冲击着河堤。他见状，立刻责成官员要不惜一切代价保住河堤，确保京畿地区的绝对安全。

嘉庆三年(1798),皇帝又将他召回京城,补刑部尚书。七月，又转授漕运总督。

漕运是朝廷税赋的重要来源，攸关国运。常言道：三月不至，则君相忧，六月不至，则都人啼，一岁不至，则国有不可言者。

嘉庆六年（1801），因其年迈，嘉庆皇帝批准梁肯堂退休，以原品回杭州老家颐养天年。

在回杭的途中，自称是“江南旧徒侣”的他，特意嘱咐要沿运河水道回故乡。

坐在船上，他一边欣赏沿途的风光，一边对接他回家的亲朋好友说，他一生都不会不关注运河，关注水运。

他说记得有一次，经运河南下时，看到微山湖一带决堤，造成大面积的灾难，十分痛心。回京后，他赶紧上奏，向皇上报告他对运河水运的看法，得到了皇上的赞许。

在梁肯堂眼中，国之一日，都离不开水运，运河一刻，也不能阻塞。这条水道，就是黄金大通道。

参考文献

1.〔宋〕周淙、施谔：《南宋临安两志》，浙江人民出版社，1983年。

2.〔宋〕吴自牧：《梦粱录》，浙江人民出版社，1984年。

3.〔宋〕四水潜夫（周密）辑：《武林旧事》，浙江人民出版社，1984年。

4.〔明〕田汝成：《西湖游览志》，浙江人民出版社，1980年。

5.〔明〕田汝成：《西湖游览志余》，浙江人民出版社，1980年。

6.〔明〕周清原；刘耀林、徐元：《西湖二集》，浙江人民出版社，1981年。

7.〔清〕朱彭等：《南宋古迹考（外四种）》，浙江人民出版社，1983年。

8.〔明〕张岱：《陶庵梦忆　西湖梦寻》，上海古籍出版社，2009年。

9.〔清〕丁丙：《武林坊巷志》，浙江人民出版社，1990年。

10.〔清〕孙治初辑，徐增重修：《灵隐寺志》，杭州出版社，2006年。

11.〔清〕梁诗正等：《西湖志纂》，浙江人民出版社，2016年。

12.〔清〕徐逢吉等：《清波小志（外八种）》，上海古籍出版社，1999年。

13. 钟毓龙：《说杭州》，浙江人民出版社，1983年。

14.〔清〕古吴墨浪子：《西湖佳话》，浙江人民出版社，1981年。

15. 陆鉴三选注：《西湖笔丛》，浙江人民出版社，1981年。

16. 施奠东主编，杭州市园林文物管理局编：《西湖志》，上海古籍出版社，1995年。

17. 杭州市文化局编：《西湖民间故事》，浙江人民出版社，1978年。

18. 申屠奇：《西湖古今谈》，浙江人民出版社，1982年。

19. 张福祥：《杭州的山水》，地质出版社，1982年。

20. 韦恭隆编：《杭州山水的由来》，商务印书馆，1971年。

21. 马时雍主编：《杭州的山》，杭州出版社，2003年。

22. 夏坚勇：《大运河传》，江苏文艺出版社，2018年。

23.［美］黄仁宇：《明代的漕运》，张皓、张升，译，新星出版社，2005年。

24.［日］安野光雅：《中国的运河》，陈文娟，译，北京十月文艺出版社，2017年。

25. 冶文彪：《清明上河图密码　隐藏在千古名画中的阴谋与杀局5》，北京联合出版社，2018年。

26. 刘绍棠：《运河的桨声》，北京十月文艺出版社，2018年。

27. 朱正刚编：《忆杭州》，上海画报出版社，2003年。

28. 林正秋：《杭州古代城市史》，浙江人民出版社，2011年。

29. 王国平主编：《西湖文献集成》，杭州出版社，2004年。

丛书编辑部

艾晓静　包可汗　安蓉泉　李方存　杨　流

杨海燕　肖华燕　吴云倩　何晓原　张美虎

陈　波　陈炯磊　尚佐文　周小忠　胡征宇

姜青青　钱登科　郭泰鸿　陶文杰　潘韶京

（按姓氏笔画排序）

特别鸣谢

陈文锦　王振俊　张　倩（系列专家组）

魏皓奔　赵一新　孙玉卿（综合专家组）

夏　烈　李杭春（文艺评论家审读组）

图片作者

任　轩　孙奕鸣　吴　璜　吴云飞　汪玉英

张闻涛　陈立石　周　宇　周　麒　周少伟

郑从礼　胡　鉴　姜青青　姚建心　顾　勇

黄　健　韩　盛　蔺富仙

（按姓氏笔画排序）